Jean-Louis Étienne

LA COMPLAINTE DE L'OURS

Chroniques d'un monde fragile

JC Lattès

Cartes : Françoise Monestier

À Elsa et à notre enfant qui va naître,
qu'il trouve en ces lignes l'amour de la Terre.

« La science, en ses plus hautes méditations, n'a pas d'autre objet que la recherche des harmonies providentielles maintenant les espèces dans un juste équilibre de prospérité. »

J.-H. Fabre, *La Plante*, 1876

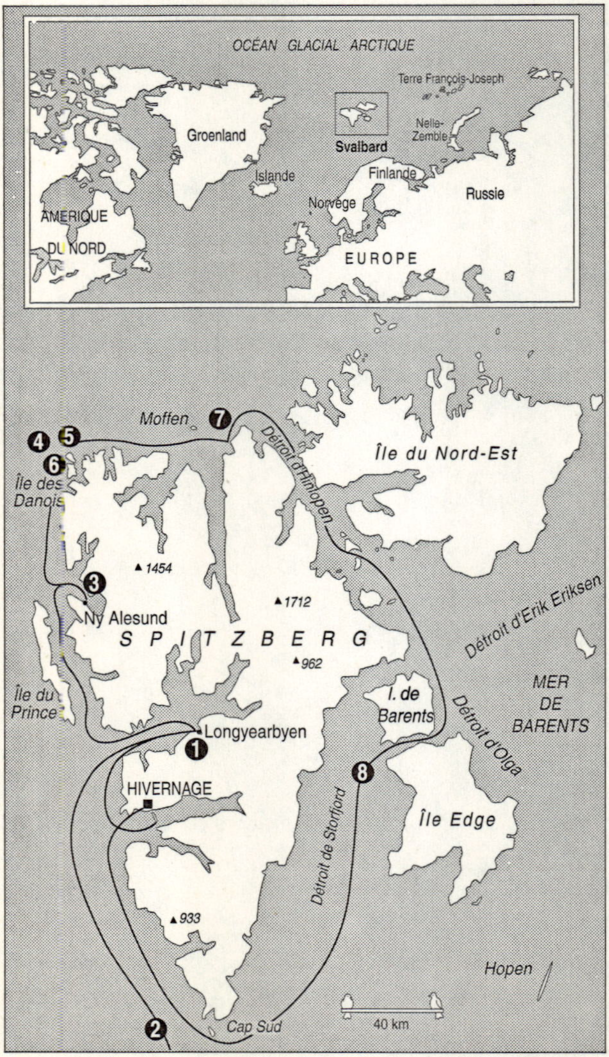

OCÉAN GLACIAL ARCTIQUE
Terre François-Joseph
Groenland
Svalbard
Nelle-Zemble
Islande
Finlande
Norvège
Russie
AMERIQUE DU NORD
EUROPE
Moffen
Détroit d'Hinlopen
Île du Nord-Est
Île des Danois
1454
1712
Ny Alesund
S P I T Z B E R G
962
Détroit d'Erik Eriksen
MER DE BARENTS
Île du Prince
I. de Barents
Détroit d'Olga
Longyearbyen
HIVERNAGE
Île Edge
Détroit de Storfjord
933
Hopen
40 km
Cap Sud

Introduction

Le voyageur ne part pas seulement pour voir. Assoiffé d'existence, il suit son instinct. Il cherche ce monde qui résonnera avec ses attentes intérieures, décidé à s'y investir jusqu'à rompre avec sa vie. Tenté depuis l'enfance par le mythe de la vie sauvage, je n'ai jamais pour autant pris la décision radicale de l'exil : question d'éducation, d'arbitrage social, de devoir ? De la science à la poésie, de la philosophie au travail manuel, de la technologie aux interrogations existentielles, j'ai toujours cependant aimé le monde des hommes. Mais ce que j'ai craint par-dessus tout et qui m'a poussé à partir, c'est l'ordinaire des jours, là où la vie se perd dans un labyrinthe de contraintes, de peurs et de faux avantages, si habilement promus, organisés, légiférés, qu'on finit par y succomber. Médecin itinérant, j'ai choisi l'alternance, et les expéditions lointaines se sont peu à peu imposées comme un juste équilibre entre mes appétits d'espace et l'hyper civilisation. « Deux biens sont pour nous aussi précieux que l'eau et la lumière sur les arbres : la solitude et les échanges. L'enfer est le lieu où ces deux biens sont perdus*. »

Au début on part pour « faire un voyage », pour une conquête, mais au long cours c'est le voyage qui vous fait. Des rudesses de la nature j'ai appris à endurer les contraintes et les humiliations, j'ai aussi appris la patience et la persévérance dans l'engagement ; jamais je crois je n'aurais su en accepter autant des hommes. Les défis que j'ai relevés m'ont apporté la confiance, et au fil des ans, les objectifs se sont transformés, se sont socialisés. L'envie de communiquer s'est enrichie de formidables moyens de transmission, et j'ai alors structuré mes aventures comme des passerelles actives entre les sciences de la vie, de la terre et l'éducation. J'ai pris goût à la pédagogie, à cette mise en scène des connaissances, et ce travail de passeur m'a poussé à apprendre, à mettre à plat des phénomènes complexes. On éduque en livrant une explication à des choses ressenties, éprouvées, et dans ce sens, l'engagement sur le terrain, le vécu, légitiment la parole et donnent de la force aux propos. Aujourd'hui j'ai fait de l'éducation une raison majeure du voyage, car la

* Bobin, *La Source pure.*

culture anoblit l'opinion et conduit au civisme, le maître d'œuvre de l'avenir du monde.

On pourrait penser que la connaissance des milieux polaires ne sert qu'un savoir marginal, loin des réalités de notre civilisation. Ce serait oublier que l'équilibre de la Terre, comme celui de tous les êtres vivants, est régi par une mécanique ondulatoire, une succession de balancements entre des pôles opposés : froid chaud, été hiver, diastole systole, action repos, veille sommeil, inspire expire... Dans cette loi du balancier universel, qui régit l'équilibre du monde, la glace polaire est le contrepoids de la surchauffe équatoriale dans le fonctionnement de la machine climatique. Elle piège en son sein quatre-vingts pour cent de la réserve d'eau douce de la planète, régulant ainsi le niveau des océans. Loin de la civilisation humaine, les régions des deux pôles font aujourd'hui office de référence : les glaciers de l'Antarctique et du Groenland contiennent la mémoire des climats du passé, l'atmosphère des Kerguelen est notre étalon d'air pur, les manchots royaux sont devenus les bio-indicateurs de la surpêche des océans, le sang de l'ours est l'indice d'extension de notre pollution océanique... Sur ces deux régions, australe et boréale, quelques rares espèces ont mis des milliers d'années pour apprendre à vivre dans l'étroite niche écologique de l'immensité polaire, une sélection impitoyable. En Arctique, l'ours s'est imposé en maître sur une banquise que le climat tient plus que jamais en hypothèque. Du haut de son royaume, il nous regarde grandir, nous étendre, nous répandre, déverser sans conscience nos rejets à la mer. Au bout de la chaîne alimentaire, il les accumule dans son corps et commence à en ressentir les méfaits. Sous couvert de fausses apparences, l'ours polaire nous révèle aujourd'hui les fragilités de l'écosystème Arctique, et son avenir dépend de nous.

Mais que pèse la vie de l'ours dans la marche du monde ? Grâce aux outils d'intelligence artificielle, on pourrait simuler les conséquences de sa disparition sur l'équilibre biologique de l'Arctique. On pourrait même imaginer les réactions compensatoires du milieu, et pourquoi pas se persuader que la Terre privée de ses ours finirait par trouver un nouvel équilibre. Mais de quelle planète parle-t-on ? La vie des nomades des glaces s'est depuis longtemps sédentarisée, et les enfants rêvent encore d'esquimaux et d'igloo. Quel serait le devenir de l'Homme peu à peu amputé des grands inspirateurs de ses rêves ?

À bord d'*Antarctica* je suis allé au Spitzberg, pour vivre les quatre saisons de l'Arctique et visiter les sanctuaires des pionniers de l'aventure polaire. Après une navigation autour de l'île, le bateau a plongé dans les ténèbres de la longue nuit polaire. Prisonnier de la banquise, j'ai pris le temps d'ouvrir les yeux sur ces terres si chères à mon cœur. J'en suis revenu avec la certitude que l'Arctique, sous son puissant bouclier de glace, cache un monde fragile, un monde qui porte déjà des traces de notre aveugle insouciance. Tout au long de cet hivernage, je me suis aventuré sur le territoire des ours, j'en ai même rencontré, et tous m'ont témoigné le même message à l'adresse des hommes : attention à ne pas perdre le Nord.

1. Un témoin inattendu

Le congrès du Norsk Polar Institute était organisé de longue date à l'université du Spitzberg. Il s'inscrivait dans une série de rencontres pluridisciplinaires instaurées par les chercheurs pour échanger périodiquement leurs travaux, et faire une synthèse de l'état des connaissances. L'enjeu était la mise en place à long terme d'une politique du développement de l'Arctique s'appuyant sur une connaissance globale de tous les acteurs de l'écosystème : du plancton microscopique jusqu'à l'ours en intégrant la banquise, le climat, l'atmosphère et les courants marins qui le régulent.

Par une heureuse circonstance, je me trouvais au Spitzberg pour préparer un hivernage sur la côte ouest, et décidais de repousser mon départ de quarante-huit heures pour assister dès le lendemain aux exposés des chercheurs. La crème des spécialistes du Grand Nord était là, concentrée, disponible, une opportunité à ne pas manquer. Cette fin d'après-midi était belle et je partais faire une promenade vers le fond du fjord pour profiter de la jeune lumière de mars. Les montagnes pourpres se détachaient sur la froideur bleu ardoise du ciel, et la mer encore gelée absorbait les limites de la grève sous sa couverture de neige. Dans cette froidure piquante, on pouvait à peine imaginer que sous leur manteau gelé, des vies se préparaient à éclore après la longue nuit. Je me sentais bien, léger, l'hivernage se préparait bien et la providence me servait sur un plateau toutes ces encyclopédies vivantes de l'Arctique dont j'allais m'enrichir : que vouloir de plus ? Il m'arrive souvent de douter des engagements marginaux de mon existence, et ces hasards heureux que le destin organise témoignaient à mes yeux de la vérité du chemin.

La réception se tenait dans le hall vitré de la toute nouvelle université du Spitzberg, implantée par les Norvégiens sur ces terres extrêmes pour affirmer leur présence et leur souci de protection du Grand Nord. Un café était offert aux participants, une quarantaine, en majorité des hommes qui se connaissaient apparemment tous. Une ambiance joviale de départ en expédition se dégageait du groupe, comme si ce cadre polaire ranimait la flamme aventurière de ces directeurs de recherches en mal de terrain, de plus en plus souvent absorbés par les tâches financières et administratives de leurs laboratoires. Le discours d'accueil confirma les fermes intentions du gouvernement norvégien de protéger le Svalbard*, un pari ambitieux qui visait à faire cohabiter le tourisme, la seule véritable ressource, et la vie sauvage, au royaume de l'ours blanc. Quand le gouverneur quitta la salle, il y eut quelques ricanements dans l'assemblée — les chercheurs voient en général d'un mauvais œil l'arrivée de touristes dans leurs champs d'investigations : une question de territoire.

Le premier exposé du congrès portait sur le copépode, un petit crustacé assez peu connu qui peuple pourtant tous les océans du monde. Un oubli de taille, car c'est probablement la plus importante population d'êtres pluricellulaires de la planète. Certains disent même que la masse totale des copépodes dépasse celle des bovins du monde entier ! L'intervention du biologiste canadien invité à la tribune s'intitulait : « Les lipides dans le métabolisme des copépodes arctiques. » Il s'engagea dans un discours aride, une succession de transparents, de graphiques, de formules biochimiques, qui avaient du mal à captiver l'auditoire. C'était l'illustration de l'ingratitude de la recherche fondamentale, des travaux scientifiques sans application immédiate, et qui trouveront peut-être un jour leur justification, dans des domaines aussi variés que l'étude des courants marins, la biologie du hareng ou la santé

* Archipel d'îles dont le Spitzberg est la plus importante.

humaine. Le savant nous servait son plat sans souci pédagogique, sans chercher à séduire l'auditoire, et la chaleur des radiateurs sapait progressivement la vigilance de la salle, déjà bien entamée par la confidentialité du sujet.

Soudain, le grincement de la porte arrière de l'amphithéâtre vint rompre cette silencieuse somnolence, et toutes les têtes se tournèrent vers un homme qui apparut en haut des marches. De toute évidence il cherchait quelqu'un avec un certain empressement. Par un geste de la main il invita Hans Krieg à sortir. C'était le spécialiste norvégien des ours polaires, un homme dynamique qui avait activement soutenu l'organisation de ce congrès. Le conférencier continuait son exposé, mais aux rumeurs qui nous parvenaient de l'extérieur, on pressentit qu'il se passait quelque chose d'anormal. L'orateur n'avait pas sitôt terminé par le traditionnel « je vous remercie » (de votre attention bien sûr), que tout le monde sortit de l'amphithéâtre. Les mille âmes qui peuplaient Longyearbyen étaient en alerte : un ours errait dans la ville ! Ce n'était pas en soi un événement exceptionnel, mais la présence du plantigrade dans les rues de cette petite cité semait toujours un vent d'inquiétude. Ici, toute la population est préparée à cette rencontre fortuite, l'ours rôde dans tous les inconscients. Comme le lion des savanes africaines, il symbolise la beauté, la puissance, la peur attractive. Mascotte du Spitzberg, son effigie flotte sur les oriflammes de la ville, on la retrouve partout, sur tous les badges, même sur les sacs du supermarché. Deux spécimens empaillés trônent sous une cage en verre dans le hall de l'aéroport et à l'office du tourisme. On l'adore, on en est fier. Ses peluches attendrissent le sommeil de tous les enfants depuis des générations, c'est le plus familier de tous les animaux sauvages. Seulement, voilà, on ne pourra jamais l'approcher, le caresser, lui rendre toute la tendresse qu'il éveille en nous. L'idée même de sa présence impose de se munir d'une arme de gros calibre. Accrochée dans l'entrée de toutes les maisons, l'artillerie familiale est toujours surprenante, à côté des anoraks et autres doudounes. Jamais personne ne sort en ville sans sa carabine en bandoulière, le réflexe est pris très jeune : on emporte son arme comme on enfile son bonnet. Ici le « calibre » n'est pas un objet de valorisation immédiate, c'est un outil de survie avec lequel on apprend à vivre dès l'enfance.

Des précisions nous arrivaient : il s'agissait d'un très gros mâle de six cents kilos. Normalement, c'est la patrouille de sécurité qui règle ce problème : on endort la bête avec des cartouches de somnifères puis on la transporte par hélicoptère en terre sauvage, sur la côte est, de l'autre côté de l'île. Mais ce jour-là, l'ours en question n'était pas n'importe quel animal. Il portait une balise Argos, fixée autour de son cou par un large collier blanc en matière plastique ! Le fauve était connu des services du Norsk Polar Institute, il faisait partie des sujets étudiés par Hans Krieg.

Les habitants du Spitzberg, en majorité norvégiens , sont venus travailler ici par goût pour l'aventure, pour les grands espaces ou en quête d'Eldorado. Pour eux, l'intrusion d'un ours dans la ville était un événement qui redonnait à Longyearbyen sa vieille renommée de Dawson à l'européenne. Aussi, les autorités ne s'inquiètent pas pour les autochtones, mais craignent en revanche pour les touristes de passage, pas du tout préparés à affronter cette situation. L'accident d'une jeune Japonaise blessée à mort l'année dernière était encore présent dans toutes les mémoires.

Au bout d'une demi-heure, Hans Krieg revint avec un sourire amusé. De toute évidence il avait des choses à dire et il invita le groupe à reprendre place dans l'amphithéâtre.

— Chers amis, je vous prie d'excuser le trublion sympathique qui vient de faire irruption en plein congrès. C'est probablement l'animal le plus surprenant que j'ai suivi jusqu'à ce jour. Le déroulement des interventions de la journée va en être un peu perturbé mais je crois que le sujet mérite toute notre attention.

Hans Krieg mit en route son ordinateur portable et il interrogea le service Argos qui enregistre les déplacements de l'émetteur placé au cou de l'animal. À l'écran s'afficha une multitude de zigzags, le trajet parcouru par notre visiteur depuis un an.

— Voyez, c'est un grand voyageur international. Après le marquage au printemps dernier sur l'île Hopen, il est parti vers le nord-est en direction des îles François-Joseph. Il est ensuite descendu vers la Nouvelle-Zemble, qu'il n'a pas atteinte, et il a fait demi-tour pour remonter très haut jusqu'à 88° 30' N. Il est resté tout l'été dans les hautes latitudes, avant de redescendre vers le Spitzberg où il est arrivé en novembre, au début de la nuit polaire. Il a hiverné sur l'île Barents puis il est venu tranquillement jusqu'ici nous faire l'honneur de sa visite.

Hans, assez fier de son coup, releva le nez de son écran et caressa la compagnie d'un sourire malicieux. La salle applaudit. Il était très ému que « son ours » crée l'événement à Longyearbyen, pour l'ouverture d'un congrès sur l'environnement Arctique.

— Il est revenu te rapporter la balise après son tour de piste, lance un physicien sur un ton goguenard.

Rires dans la salle.

— Ou se faire changer les piles ! dit un autre.

L'épaisseur scientifique de ce concentré de savants interdisait toute compassion, toute diversion sensible sur la nature du phénomène. Les naturalistes aussi ont tendance à masquer leurs émotions derrière l'écran des connaissances, du devoir de comprendre. Hans, que l'aventure avait quelque peu attendri, reprit le contrôle de la situation et, sur un ton professoral, suggéra de changer l'ordre du jour. Il devait lui-même intervenir sur ce sujet l'après-midi, et il soumit à l'assemblée de le faire à chaud, immédiatement. Personne ne s'y opposa.

Pour illustrer son propos, Krieg commença son exposé par un rappel général des mœurs et des contraintes de la vie des ours — une synthèse rapide qui rafraîchit la mémoire et remit un peu d'ordre dans les fatras cérébraux encombrés de tant de choses.

— La vie de l'ours est intimement liée à la glace de mer. La banquise est son terrain de chasse, le macadam de ses pérégrinations. En ces lieux où la vie est si dure, les bêtes ne se déplacent jamais pour rien. Une raison vitale les pousse à parcourir de grandes distances : la chasse au phoque. Même si l'ours polaire, *ursus maritimus*, est un bon nageur, il ne peut rivaliser dans l'eau avec l'agilité des pinnipèdes, il n'a aucune chance d'en saisir un à la nage. Aussi sa méthode préférée est l'affût, au bord d'un trou dans la banquise. Quand le phoque sort sa tête pour respirer, le malheureux est violemment hissé sur la glace d'un redoutable coup de griffe et tué immédiatement. Alors le carnassier s'offre un festin de chair dans une tache de sang qui rougit la glace et les poils ivoire de sa gueule.

» Le printemps est la période où le plantigrade refait ses réserves, ce qui l'amène à couvrir des centaines de kilomètres à la recherche des populations de phoques. Affamé par la longue nuit polaire, il peut manger jusqu'à un phoque par jour, cent kilos de viande et de graisse avalés en moins d'une heure, avant de s'effondrer pour une longue sieste. Si le printemps est la période des banquets, l'été est en revanche une saison plus maigre, à cause de la disparition de la glace de mer, son terrain de chasse préféré. À défaut de phoques, il se nourrit de baies, d'oiseaux ou de renards mais ce régime minceur peut être préjudiciable à la reproduction de l'espèce. Amaigries par une saison frugale, les femelles gravides vont manquer de réserves de graisse pour jeûner tout l'hiver dans leur tanière et allaiter les oursons à la naissance : moins de gras, moins de lait, signifie sortie précoce de jeunes oursons trop fragiles pour affronter le froid et la faim. Sans aucun doute, la banquise est le seul et véritable garde-manger de l'ours où il règne sans aucun prédateur. Mais quel est l'avenir de ce roi sur un royaume menacé de fondre ? Voyez, mes chers collègues, l'instrumentation des ours avec des émetteurs est un progrès considérable pour étudier leurs mœurs migratoires. Mais, au-delà de satisfaire notre curiosité, l'étude des trajets est aussi un moyen de suivre l'évolution de la banquise. Grâce au suivi par satellite, les animaux instrumentés sont devenus des indicateurs de leur milieu.

C'est ainsi que Hans Krieg conclut son intervention très didactique, et la salle applaudit une nouvelle fois, phénomène rare dans un congrès scientifique où la rigueur du propos prime en général sur la forme, où l'enchaînement des communications se déroule le plus souvent en silence. Mais, ce jour-là, la salle s'était « lâchée », toutes disciplines confondues. Même les spécialistes des sciences de la terre, formés aux rigueurs de l'exactitude, s'étaient laissé prendre au jeu. Au-delà de la pertinence scientifique de son travail, Hans Krieg s'était simplement fait l'interprète de ses sujets d'étude. Sans s'en rendre compte, il avait parlé sous l'impulsion du grand témoin débarqué dans la ville et qui se trouvait de fait désigné porte-parole des ours. C'était ce témoignage vivant que tout le monde avait reçu.

Le génie humain, auquel les chercheurs ici présents appartiennent, a mis en orbite des satellites savants qui mesurent avec précision la hauteur et la température des océans, la dérive des continents, le rétrécissement de la banquise... L'homme étudie la terre au service de l'Homme, mais, depuis ce matin, pour ces chercheurs, la glace de mer n'était plus seulement un indicateur du réchauffement planétaire. Elle était le domaine de créatures vivantes, habitées comme tous les êtres de cette même volonté de vivre.

Dans un vacarme assourdissant, le gros hélicoptère de la compagnie du Svalbard s'éleva sur un nuage de poussière de neige. À une dizaine de mètres du sol, il ralentit sa poussée jusqu'à ce que l'élingue se tende et il s'envola, emportant sous son ventre un ours endormi dans un filet. Pendant deux années de pérégrinations polaires avec son collier en matière plastique, il n'avait échappé à aucun de ses congénères que ce mâle portait autour du cou la signature de ses contacts avec le genre humain. En envoyé spécial, il était porteur à ce congrès de la complainte de tous les êtres de l'Arctique.

2. Un petit coin de paradis

Il était minuit et je montais à la passerelle pour prendre mon quart. Les remarques de mon prédécesseur étaient simples : tout va bien, rien à signaler. Depuis que nous avions quitté Tromsoe, la montée vers le Spitzberg se faisait au moteur : panne totale de vent et mer calme. Il suffisait donc de surveiller la route et la température des machines.

J'aimais ces nuits tranquilles dans le cockpit, feutrement éclairé par la liseuse de la table à carte et les voyants du tableau de bord. Tout se passait là, dans le cocon de cette bulle en plein océan. Quand le présent occupe toute la place, on a le sentiment d'avoir l'éternité devant soi, et l'esprit, libéré des astreintes de l'ordinaire, se balade, s'amuse à explorer la vie. Dans ces moments sans limite, les idées jaillissent comme des évidences. C'est dans ces parenthèses du monde que j'ai construit les projets les plus libres, les plus audacieux.

Parti dans je ne sais quelle rêverie, une voix fit brutalement irruption à la radio de la passerelle.

— Bateau à 12 milles dans mon 165 me recevez-vous ?

D'une voix grave, professionnelle, il s'exprimait en anglais avec un fort accent américain. Mais où était-il ? Je ne comprenais pas d'où venait cet appel, je n'avais absolument aucun écho sur le radar et dehors la visibilité était nulle. Son message clair et audible me donnait pourtant l'impression qu'il était là, à portée de voix, arrivé très près de nous par surprise. Et il répéta :

— Bateau à 10 milles dans mon 165 me recevez-vous ?

Le brouillard était tellement épais qu'il faisait sombre, malgré le soleil de minuit qui culminait au plus haut de sa parabole en cette fin juin. J'attendais avant de lui répondre car je ne savais même pas si cet appel nous était destiné.

Au bout d'une dizaine de minutes un faible écho se précisa à 10 milles, en plein sur notre route, et je fis à mon tour une tentative de contact radio.

— Bateau à 10 milles dans mon 345 me recevez-vous ?

— Oui je vous reçois cinq sur cinq, qui êtes-vous ?

C'était la même voix qui me répondait. Je la trouvais très autoritaire. De toute évidence ce n'était pas un plaisancier, mais plutôt un bateau de surveillance de pêche ou un navire militaire ? Je répondis à sa sommation.

— Ici la goélette *Antarctica*, pavillon français, nous faisons route vers le Spitzberg.

Il parlait très vite dans un fort accent du Middle-West, et j'eus du mal à tout saisir. Je comprenais dans l'ensemble que nos routes convergeaient et qu'il me demandait de faire attention.

— Ici *Antarctica*, qui êtes-vous et pouvez-vous répéter s'il vous plaît, je n'ai pas tout compris.

— Ici US 575, je vous informe que nous avons un engin immergé en remorque à 200 mètres derrière nous.

— Ici *Antarctica*, bien compris, vous avez un engin en remorque à 200 mètres derrière vous.

— US 575 clear.

Il s'agissait donc d'un navire militaire américain en campagne. Pour lui tout semblait clair. J'étais censé avoir compris qu'avec cette remorque il n'était pas « manœuvrant », et que, le moment venu, il faudrait s'éloigner de sa route.

L'écho radar se rapprochait assez vite et en moins de trente minutes nous nous sommes retrouvés bord à bord. Dans ce brouillard très épais on devinait à peine la masse grise et homogène d'un bateau de l'US Navy. Sur le mât de la passerelle, trois feux blancs verticaux confirmaient le treuillage d'un engin. Pas un mot, silence radio. Par sécurité, on vira pour s'écarter de lui et le navire disparut dans la brume. Tenu en haleine par cette traque nocturne, mon quart passa très vite, et à 3 heures du matin une nouvelle équipe vint prendre la relève.

Au petit déjeuner la nouvelle circulait encore dans le carré, et je découvrais que l'incident de la nuit s'était enrichi d'un nouvel épisode, tout aussi énigmatique. Une demi-heure après la fin de mon quart, un navire russe avait surgi du brouillard, dans le mutisme le plus complet. Il naviguait à une vingtaine de milles dans le sillage du bateau américain. Que faisaient donc ces deux vaisseaux ennemis en ce mois de juin 1995, cinq ans après que le pouvoir soviétique eut jeté l'éponge ? Malgré la faillite politique, les militaires avaient conservé la main sur les manettes de l'arsenal soviétique, et nous avions certainement été les témoins de manœuvres de surveillances, qu'exerçaient encore les Américains dans cette zone stratégique. Nous faisions route vers le Spitzberg, à la frontière occidentale de la mer de Barents, cette mer qui fut le terrain d'exercice des sous-marins et autres navires de guerre soviétiques stationnés à Mourmansk. Nous étions là, dans la zone la plus militarisée de la planète, la plus nucléarisée aussi. Ça méritait bien une surveillance rapprochée, même si les Russes n'avaient plus les moyens d'envahir le monde, ce vieux rêve révolutionnaire qui inquiète encore aujourd'hui les États-Unis.

Au fur et à mesure de la montée vers le Nord,

nous traversions des veines de banquise morcelée, de plus en plus compactes. La côte sud-ouest du Spitzberg était particulièrement encombrée par les glaces dérivantes, ce qui nous imposa d'aller plus au large. Une brume posée à la surface de la mer nous privait des premiers regards impatients, sur les montagnes et les glaciers où nous allions passer l'hiver. Toujours en panne de vent, nous avancions au moteur sur une mer lisse, immobile, soulevée périodiquement par une onde du large, qui ne froissait même pas l'eau d'une ride à chacun de ses passages. La mer semblait épaisse comme l'encre de Chine, d'un noir profond qui contrastait avec le gris du ciel et la blancheur des blocs de banquise. En regardant loin devant dans le brouillard, j'avais par moment l'impression hypnotisante de naviguer dans les nuages au-dessus de la nuit. Il fallait quand même être attentif, mais le radar de son œil perçant traversait la grisaille, nous indiquant la route à suivre dans ce dédale de glace. Combien de naufrages, combien d'angoisses sont maintenant évités dans ces navigations hasardeuses.

À l'entrée de l'Isfjord la brume se dissipa et deux heures plus tard nous arrivâmes en vue de Longyearbyen, la « capitale » du Spitzberg. Aux jumelles, on devinait un quai en bois au pied d'un grand bâtiment surmonté d'une haute cheminée qui devait être la centrale à charbon mentionnée sur les instructions nautiques. Avant toute entrée de port, il est d'usage de prévenir la capitainerie, toujours à l'écoute sur le canal 16, la fréquence radio maritime de veille internationale.

— Longyearbyen, Longyearbyen, Longyearbyen, ici *Antarctica*, me recevez-vous ?

Malgré nos tentatives répétées personne ne répondit à notre appel. Il était pourtant 9 heures du matin. Deux engins de levage allaient et venaient, transportant vers des hangars toute sorte de matériel débarqué sur le quai. Personne ne semblait s'intéresser à notre bateau, et nous nous sommes amarrés d'office sur le vieux quai en bois où nous avons attendu bien sagement à bord.

Quand on arrive de l'étranger, il est toujours interdit de mettre le pied à terre avant que les autorités portuaires et la douane ne viennent pour les formalités d'usage. Au bout d'un quart d'heure, l'un des conducteurs d'engin, un grand gaillard costaud, blond comme un Viking, stoppa sa machine et s'approcha du bateau. Il marchait avec l'assurance de ceux qui travaillent dans le secteur depuis longtemps — l'occasion pour nous d'éclaircir la situation.

— S'il vous plaît, savez-vous où se trouve la capitainerie du port ? demanda Jean.

— C'est ici, répondit-il en montrant du doigt une toute petite cabane blanche, perchée au bout du quai.

On aurait pu s'en douter : une bouée orange accrochée sur le mur et un extincteur posé au pied de la porte lui donnaient un air vaguement officiel.

— Savez-vous quand est-ce qu'ils ouvrent ? Il n'y a personne pour le moment.

— Vers midi, à l'arrivée du bateau.

Je comprenais que nous n'étions pas attendus.

— Mais où est la douane ? Nous aimerions débarquer.

— Il n'y a pas de douane ici, vous êtes libres d'aller à terre si vous le voulez.

Je savais que Longyearbyen était un port-franc mais de là à imaginer qu'il n'y eût aucun contrôle me surprenait beaucoup, ne serait-ce que pour des raisons militaires. Le Spitzberg était encore un véritable donjon pour l'espionnage maritime entre les deux plus grandes puissances du monde, et il paraissait impensable que les mouvements des bateaux ne soient pas contrôlés. Surpris par cette absence de surveillance, je m'interrogeais sur la régularité de notre situation. Peut-être ce docker n'imaginait-il pas une seconde que nous ne puissions pas être en règle avec l'administration ? Peut-être était-il convaincu que nous avions, comme tout le monde, satisfait les formalités d'usage avant de venir ? Il est vrai qu'on ne passe pas au Spitzberg, on y vient, c'est un objectif ultime, un voyage que l'on prépare, et franchement je ne m'étais pas du tout inquiété de savoir s'il fallait une autorisation.

En y repensant, je me souvenais effectivement qu'un ami m'avait suggéré d'informer préalablement les autorités de notre voyage. Je me souvenais aussi d'avoir adressé un courrier au Sysselmanen, le gouverneur du Spitzberg, il y avait cinq ou six mois, pour le prévenir de notre projet d'hivernage, et je réalisais subitement que je n'avais pas reçu de réponse ! Ma lettre ne lui était peut-être jamais parvenue. J'en eus subitement des sueurs. J'avais tout envisagé pour cette expédition, sauf ce détail de procédure. J'avais l'air de quoi ! La panique m'envahit quand une voiture officielle arriva sur le quai, un gros « Sysselmanen » inscrit sur les portières. Un homme à casquette en descendit et s'approcha lentement du bateau. Il se dirigea d'abord vers l'arrière, sûrement pour vérifier le nom et le port d'attache, puis il vint à notre hauteur.

— Bonjour messieurs.

— Bonjour monsieur, bienvenue à bord.

À peine avait-il posé le pied sur le pont, qu'il prit un air sévère, embarrassé avant de commencer à parler.

— Je suis désolé mais mon devoir est de vous demander d'enlever le pavillon français à l'arrière du bateau.

Qu'avions-nous fait de si grave pour nous imposer un acte aussi significatif !

— Vous savez, il y a eu quelques manifestations antifrançaises un peu partout en Norvège, depuis l'annonce par votre Président de la reprise des essais nucléaires, et nous voulons les éviter.

Cela me rappelait brusquement les réactions

d'hostilité que nous avions entendues, pour les mêmes raisons, à Hobart en Tasmanie, pendant la préparation de l'expédition sur le volcan Erebus en Antarctique. Les Australiens avaient une dent contre les essais nucléaires français du Pacifique, et je me souvenais de ce qu'avait été l'humiliation d'appartenir à une nation indésirable. C'est un mal-être mêlé d'injustice et d'impuissance, car on est toujours amalgamé aux décisions politiques de son pays, même si on ne les soutient pas forcément.

Pour être déplaisant jusqu'au bout, l'officier de police ajouta :

— Vous ne pouvez pas rester là trop longtemps car un bateau va arriver vers midi. Je vous conseille de vous ancrer un peu à l'écart pour ne pas gêner la manœuvre.

Après ces recommandations plutôt froides, son visage se détendit. De toute évidence il semblait embarrassé de devoir nous accueillir ainsi. Il jeta un regard sur le pont et en levant les yeux vers le haut des mâts, il marmonna dans sa barbe :

— C'est un beau bateau.

Après un petit silence il ajouta avec un peu de regret dans sa voix :

— Bon, je dois y aller maintenant.

L'homme paraissait subitement plus sympathique, mais je n'étais toujours pas fixé sur la régularité de notre situation, et j'avais des questions à lui poser. Sans trop se forcer, il accepta de descendre quelques minutes dans le carré pour prendre un café. Assis autour de la table, il semblait tout ébahi d'être là. Il se mit à nous parler de son intérêt pour la navigation polaire et dit, à ma grande surprise, qu'il connaissait déjà l'*Antarctica*. Il ouvrit la chemise qu'il roulait fébrilement dans ses mains depuis le début, et nous montra fièrement un article qu'il avait découpé dans une revue nautique norvégienne intitulé : « l'*Antarctica*, sur les traces du *Fram* ». Ouf ! Nous étions en terrain ami. Mais ce qui me surprit le plus, c'est de voir dans cette chemise la lettre que j'avais adressée au Sysselmanen pour l'informer de notre hivernage ; elle datait du 12 décembre 1994.

— Vous voyez, j'étais informé de votre venue et je vous attendais ces jours-ci. Maintenant il faut que j'y aille. N'hésitez pas à me contacter en cas de besoin : je m'appelle Olaf Patersen, dit-il en me donnant sa carte de visite sur laquelle était imprimé son téléphone professionnel et de domicile.

En parvenant sur le pont il précisa gentiment :

— Le bateau doit arriver vers midi et il ne restera pas très longtemps. Quand il sera parti vous pourrez vous remettre à quai si vous le souhaitez.

— Merci beaucoup, et comment fait-on pour les formalités ?

Il se tourna vers moi et me répondit en souriant :

— C'est bon, tout est en ordre.

Sans n'y rien comprendre, je fus soulagé comme si je venais d'échapper au pire. Malgré l'âge et l'expérience, j'ai toujours eu ce vieux fond d'anarchiste, qui n'aime pas l'arbitraire des règlements. Je feins souvent de les ignorer par peur qu'ils ne me contraignent. Mais je dois avouer que se sentir en conformité après chaque démarche administrative aboutie me procure un sentiment mêlé de force et de soulagement, comme toute « conquête » sur soi-même. L'impression de liberté a certainement besoin de limites pour devenir plus palpable.

Le *Lance* arriva comme prévu vers midi. C'était un bateau gris de la marine norvégienne, à coque renforcée pour naviguer dans les glaces. La plage avant, assez militarisée avec sa tourelle et ses canons, contrastait avec les treuils et le portique océanographique de la plage arrière. Le « Second Capitaine », avec qui j'avais échangé quelques mots sur le quai, m'expliqua qu'il s'agissait d'un « bateau d'expédition » assurant la logistique pour toutes sortes de missions : océanographie, surveillance maritime, assistance aux pêcheurs, mise en place d'équipes de scientifiques sur le terrain... Il était très content de son embarquement.

— C'est un job très intéressant, même si parfois les conditions de navigations sont plutôt dures et imprévisibles ; il faut s'adapter, improviser... Il y a deux ans que je suis affecté sur ce navire et j'espère encore y rester quelque temps.

Le bateau faisait une escale rapide pour une relève partielle d'équipage et l'embarquement de vivres frais. Comme prévu, le *Lance* reprit la mer vers 15 heures, emmenant deux scientifiques sur la réserve de Moffen — un îlot annulaire de l'extrême nord du Spitzberg où vit une importante colonie de morses. Ces deux chercheurs travaillaient pour Ian Gjertz, spécialiste des morses à l'Institut polaire norvégien. Le plus âgé des deux avait le regard bleu et la barbe en friche de ceux qui passent leur vie dehors depuis longtemps.

— J'ai commencé mes premières campagnes il y a vingt-deux ans, à bord du vieux *Polar Star*. On ne pouvait monter que fin juillet à cause de la glace, mais maintenant, avec le recul de la banquise, nous y allons fin juin. Cela permet des observations sur les nouveau-nés.

Cet homme aimait les morses, et il aimait en parler. La sirène du *Lance* retentit pour rameuter ses troupes.

— Désolé, mais je dois y aller, nous déclara cet explorateur anonyme en nous saluant de la main.

On pouvait voir à son sourire, qu'il avait trouvé sa niche écologique en ce monde.

En fin d'après-midi Olaf revint nous voir après son travail. On le sentait plus léger en dehors de ses fonctions. Dans la conversation je lui parlai de ces deux navires qui se suivaient à la sortie de la mer de Barents.

— Ah ! Vous les avez croisés, lança-t-il dans un éclat de rire. L'Américain traîne un détecteur de sous-marins et le Russe le suit pour signaler sa présence. Cela fait plus de trente ans qu'ils se suivent.

Au second petit muscat qu'Olaf semblait apprécier, je relançais le sujet qui m'avait tant inquiété ce matin et qui restait en suspens.

— Olaf, pourquoi n'avons-nous pas été contrôlés à notre arrivée ?

— Il n'y a pas de douane ici. Le Spitzberg est placé sous la souveraineté de la Norvège, mais c'est un territoire international, géré par un traité qui a d'ailleurs été signé chez vous, à Paris, en 1920. Tous les ressortissants des pays signataires peuvent circuler librement, et vous pouvez même venir ici vous installer quand vous le voulez : c'est financièrement intéressant, et on ne paye pas d'impôt ! (Et il ajouta en souriant :) Vous savez, mis à part l'isolement, le froid et les quatre mois de nuit polaire, le Spitzberg est un véritable paradis.

Nous avions toute une année pour le découvrir.

3. Rêves d'Eldorado

Rien ne forçait notre allure. Il faisait beau, de ces beaux temps immobiles qui semblent installés pour l'éternité. La mer lisse reflétait la langue du glacier. Nous avions le temps, aujourd'hui il ne ferait jamais nuit. Le bateau glissait à faible allure dans un silence de paradis. Une dizaine d'oiseaux noirs s'affairaient sur un essaim de krill qu'ils ingurgitaient à la hâte, des guillemots à miroir, facilement identifiables à la tache blanche très visible sur le flanc de leurs ailes repliées. À chaque déglutition, on découvrait leur gueule, tapissée jusqu'au fond de la gorge d'un beau rouge vermillon qui contrastait avec le noir fuligineux de la tête et du cou. Les pattes palmées qu'ils agitaient sous l'eau étaient du même rouge. Quel artiste a programmé ces merveilles de la création ?

Arrivant par le nord dans la Baie du Roi, on longeait à distance une barrière de glace verticale qui dominait la mer d'une quinzaine de mètres de hauteur. À la mi-juillet, la période de vêlage avait déjà bien commencé, et des blocs de glace pouvaient à tout moment s'en détacher. Nous allions sur la péninsule de Blomstrand, en face de Ny Alesund, sur les vestiges d'une carrière de marbre exploitée par les Anglais au début du siècle : j'étais curieux de voir ce qui avait poussé des hommes à venir jusqu'ici tenter l'aventure. Cette presqu'île rocheuse sortait comme un appendice, divisant en deux le front d'un très large glacier d'une dizaine de kilomètres. Il n'était pas facile d'apprécier les distances et de naviguer à l'estime devant cette longue muraille de glace sans référence humaine, sans arbre, sans maison... mais nous n'avions aucun mérite, le GPS nous donnait à tout moment la position du bateau avec une très grande précision. Le plateau rocheux à moins d'un mille devant nous était sans aucun doute la péninsule de Blomstrand. Mais une chose m'intriguait : d'après la carte, le glacier que nous longions était censé s'arrondir vers le sud pour venir mourir sur la presqu'île. Bien au contraire, le front de glace semblait continuer tout droit vers l'est, comme s'il se détachait de la péninsule. Aux jumelles, on devinait de nombreux icebergs apparemment échoués entre le glacier et la côte : j'avais du mal à comprendre la situation.

Rick, monté à la hâte dans le nid de pie, se mit à hurler :

— La terre droit devant n'est pas la péninsule, il semble que ce soit une île bien détachée du glacier. L'horizon est très encombré par de gros blocs de glace et je ne vois pas s'il y a ou non un passage entre les deux.

Une île ! Que faisait donc ici cette île non cartographiée, et ce n'était pas un petit caillou ! On mit au point mort pour examiner calmement les faits. Depuis un mois que nous naviguions au Spitzberg, nous avions déjà remarqué qu'il existait des écarts entre la position donnée par le GPS et la position de la carte, des écarts qui pouvaient aller jusqu'à un demi-mille, presque un kilomètre. Mais là je ne comprenais rien. Pourquoi cette île ne figurait-elle pas sur les cartes norvégiennes, extrêmement précises par ailleurs ? Nous avancions lentement entre les icebergs dans un chenal très étroit, la main sur la poignée des gaz, un œil sur le sondeur, prêts pour un « arrière toute » à la moindre remontée des fonds : nous nous trouvions en mer inconnue. L'étrave se frayait un chemin entre des blocs de glace de plus en plus serrés. Après une demi-heure à petite allure, Fred annonça que nous avions longé la moitié de l'île, mais il ne pouvait toujours pas voir s'il y avait une sortie à l'autre bout du chenal. Je croisais les doigts, car il était impossible de faire demi-tour et je n'aimais pas l'idée d'avoir à parcourir de nouveau ce passage en marche arrière. Soudain, sur l'écran de notre échosondeur, le fond se mit à remonter d'une manière inquiétante : on releva les dérives tout en haut. Six mètres, cinq, quatre, trois cinquante... Le fond se stabilisa sur un très court palier avant de replonger à nouveau : nous avions passé le seuil. Du haut du mât Rick se mit à hurler :

— Hé les gars, c'est tout bon devant !

Ouf ! Je me sentais libéré et les idées se firent plus claires. Nous commencions à comprendre ce qui se passait réellement. Les dernières corrections de la carte dataient de 1982 ; le recul du glacier y était déjà mentionné, un phénomène que l'on retrouvait pratiquement dans tous les fjords, mais ici le retrait prenait une allure plus spectaculaire qu'ailleurs : la péninsule de Blomstrand était devenue une île, bien séparée du glacier par un chenal. Devant un tel changement, la fonte des glaces polaires prenait toute sa dimension. Bien sûr ce phénomène ne datait pas de quelques décennies. En regardant les gravures de l'expédition française de *La Recherche* en 1838, ou celles du prince Albert de Monaco au tout début du XXe siècle, on se rendait compte de la quantité d'eau qui était allée grossir les océans en moins de deux siècles. Mais plus impressionnant encore, c'était la hauteur des moraines latérales, ces amoncellements de rochers que les glaciers déposent sur les flancs des montagnes. Au dernier maximum glaciaire, elles étaient par endroit à plus de trois cents mètres au-dessus du niveau des glaciers actuels. Rien d'étonnant à ce que le niveau des mers soit monté de cent vingt mètres en dix-huit mille ans, que les peintures rupestres de la grotte Cosquer à Cassis soient à quarante mètres sous le niveau actuel de la Méditerranée !

À la sortie du chenal, nous nous trouvions donc sur la côte est de l'île, et nous avons obliqué vers la droite en direction de la pointe sud de la défunte péninsule. Tout au bout, un petit havre naturel creusé dans les rochers permettait de débarquer à l'abri de la houle. Une grue rouillée surplombait la mer, sa flèche pointée fièrement vers le ciel, pour signaler que nous étions bien sur le site historique de la carrière abandonnée ; il n'y avait aucun doute. Les vestiges d'un chemin de fer conduisaient sur les ruines de l'exploitation minière. Des bâtiments en bois, à présent écroulés, avaient abrité une poignée d'hommes de main, attirés ici par les mirages de la fortune. Sur le socle en dur de ce qui avait dû être la pièce principale, il restait la carcasse oxydée d'une cuisinière à charbon. Une tôle ondulée grinçait au vent, accrochée par un fil de fer à la charpente métallique d'un hangar en désuétude. Du gros matériel en fonte jonchait le sol couvert de mousse. Une vieille locomotive et une grue de levage attendaient au bout des rails. Malgré l'érosion du temps, tout semblait figé comme en ce jour de 1913, où la vie de la mine s'est arrêtée : le conducteur a poussé sa loco contre la butée, libéré la pression de la vapeur, fermé consciencieusement toutes les vannes, puis il est descendu de sa machine. Elle n'est jamais repartie. Il avait fait des centaines de fois cet enchaînement de gestes automatiques, jusqu'au dernier jour. Il y a des moments comme celui-là, d'une apparente banalité, qui, sans y prendre garde, jalonnent la vie de tournants irréversibles.

Ces ruines ordinaires n'avaient en soi aucun intérêt, mais leur prégnance en ce lieu désertique rappelait fortement l'histoire de ces hommes — une quarantaine —, pour la plupart des mineurs écossais, embauchés par la Northern Exploration Company. Ernest Mansfield, un ingénieur des mines londonien, en était le fondateur. Cet aventurier avait roulé sa bosse sur les mines d'or de la Nouvelle-Zélande, de l'Australie et des États-Unis, avant de venir au Spitzberg à la recherche du métal précieux. À défaut d'or, il avait trouvé sur cette péninsule une carrière de marbre dont il revendiqua immédiatement la propriété. Sûr de son coup, il réussit à convaincre un bon nombre d'investisseurs. Après deux années de travaux, et malgré les rudesses du climat, les premières plaques de marbre furent extraites de la mine à ciel ouvert. Mais malheureusement, l'expertise d'un géologue dépêché sur place en juillet 1913 fut sans appel : ce marbre était de très mauvaise qualité, tellement friable qu'il ne pourrait même pas supporter les secousses de la mer du Nord pendant son transport vers l'Angleterre. Ce constat définitif imposa l'irrévocable fermeture de l'exploitation et le renvoi des mineurs. Accusé d'imposture, Mansfield fut à son tour démis de ses fonctions par l'assemblée des actionnaires. L'aventure du marbre sur la péninsule de Blomstrand s'arrêta, tandis que d'autres s'ouvraient sur cette île du grand Nord : phosphate, charbon, métaux précieux, des start-up qui allaient au fil du temps connaître le même destin éphémère.

Tous les bouts de la Terre portent les cicatrices de ces chercheurs d'Eldorado, quittant leur pays pour l'inconnu, avec l'audacieuse ambition de bâtir leur propre monde. Même s'il fut construit sur un fond de bluff ou de roublardise, je me sentais finalement bien sur ce tas de ferraille. Ce n'était pas une quelconque sculpture, le métal était authentique, tout imprégné de la trempe et du courage de ses pionniers. Perdu dans ce décor lunaire, il émanait encore de cet effondrement le souffle d'une quête de liberté. L'aventure est cette passerelle que l'envie de vivre lance entre le refus des conventions et les voies de la conquête.

Une canalisation en partie détruite montait vers les hauteurs de l'île ; je la suivis machinalement. Elle traversait des zones marécageuses, semblables à de la tourbe, où prospérait une luxuriante végétation hyperboréenne de mousses, de saxifrages, de pavots... En arrivant sur un plateau herbeux, je surpris un petit groupe de rennes en train de ruminer tranquillement sous le soleil. Le mâle aux beaux bois me regardait arriver sans broncher. Deux femelles et leur petit au cul blanc s'éloignaient lentement, se retournant tous les dix pas pour estimer la menace. Avant que le mâle ne donne le signe de départ, je m'arrêtai pour ne pas les déranger davantage. Ici, la nourriture est si rare que toute calorie se paye chèrement, et il est criminel de les pousser au gaspillage : je me détournai de leur chemin.

À peine avais-je fait quelques pas qu'un oiseau brun fondit sur moi, me frôlant de ses ailes déployées. Il poussait des cris de colère. À son agressivité je compris qu'il défendait son territoire. Il était sombre et robuste comme les skuas, ces puissants prédateurs qui sèment la panique dans les nurseries de manchots en Antarctique. À n'en pas douter, ce rapace appartenait à la même famille : c'était un labbe. Dès que je m'arrêtais, il relâchait sa pression agressive. Sur le *Guide des oiseaux de mer*, toujours au fond du sac, je reconnus le labbe pomarin, une des trois espèces que l'on rencontre ici en Arctique. Dans le chapitre des généralités, on mentionnait que le labbe a des mœurs pirates : « Il harcèle les autres oiseaux de mer jusqu'à ce qu'ils abandonnent la nourriture qu'ils transportent. » À mesure que j'avançais, sa charge se faisait de plus en plus menaçante. En vol stationnaire au-dessus de moi, je sentais le souffle de ses ailes se rapprocher de ma tête, j'en avais la chair de poule. La survie de l'espèce oblige les animaux à des audaces insoupçonnées, et il semblait prêt à tout pour défendre son territoire. Même si objectivement je ne risquais rien, il réussit à déstabiliser mon assurance. Dès que je m'arrêtais, il suspendait sa charge et s'éloignait à nouveau dans les airs. Son nid n'était pas loin et je scrutai attentivement la lande. Soudain, à une dizaine de mètres, un autre labbe s'agita au sol, déambulant maladroitement entre les pierres, son aile droite luxée, dressée à la verticale, trébuchant, émettant des petits cris de douleur. C'était de toute évidence la femelle qui tentait d'attirer mon attention vers elle pour détourner ma trajectoire. Jamais je n'avais vu une simulation aussi émouvante. Il était indécent de lui imposer davantage ma présence et je m'arrêtai. Avant de faire demi-tour, je balayai le sol d'un regard scrutateur, et subitement je compris l'immense inquiétude de ces oiseaux. J'étais à quelques pas du pire : un œuf marron-vert posé à même le sol, à quelques mètres de mes semelles, simplement entouré de quelques brindilles. Fondu dans la couleur des pierres et de la mousse, j'aurais pu l'écraser si les parents n'avaient pas sonné l'alarme. Si ces rapaces laissent ainsi leurs œufs à terre, c'est que depuis des milliers de générations ils ont appris à écarter leurs prédateurs, les ours, mais surtout les renards. Sinon, ils auraient déjà disparu ou se seraient adaptés, comme d'autres espèces, à nicher en des lieux inaccessibles.

Je retournai vers le bateau avec la joie égoïste de l'enfant qui a découvert la cachette de l'oiseau, mais l'adulte ne pouvait échapper à sa culpabilité, conscient du stress ultime qu'il venait de provoquer chez ce couple de labbes. À l'horizon, un paquebot transportant trois cents touristes se dirigeait vers Ny Alesund et, au-delà, vers le glacier du Roi ! Je savais qu'ils mettraient comme moi le pied à terre et je m'interrogeais sur notre présence en ces lieux, inchangés depuis la création du monde. Combien d'années faudra-t-il au labbe pour apprendre à nicher sur des falaises escarpées ?

4. Les chaos de l'évolution

Le Spitzberg a cette force d'attraction des terres inaccessibles, où les hommes s'engagent avec passion, poursuivant le rêve éternel de la Terre Promise. Ici les mêmes histoires se sont répétées, comme sur tous les eldorados du monde. On s'est battu pour les mêmes choses : les matières premières et l'extension de la patrie. D'un côté, sur le terrain, des aventuriers, savants ou meneurs d'hommes, engagés par des industriels et des banquiers, et de l'autre, des acteurs politiques, tentant à distance de satisfaire leurs appétits de territoire.

Ici les choses sérieuses ont commencé avec la chasse à la « baleine franche » qui débuta au XVIIe siècle. Pour cette chasse, toutes les compagnies maritimes recherchaient les Basques de la Biscaye, de braves et solides gaillards qui avaient une expérience ancestrale et un sacré coup de harpon. Ces valeureux l'appelaient « franche », car une fois touchée elle ne se débattait pas comme le cachalot des Açores. Elle avait aussi l'avantage de flotter une fois morte, son corps maintenu à la surface par son épaisse couche de graisse — cette graisse très recherchée qui justifiait à elle seule le voyage. Au temps des premières campagnes, le travail de dépeçage se faisait à terre, dans des baies protégées où les baleiniers construisaient leurs abris. Il fallait trouver une grève de galets en pente douce pour permettre le halage des corps — une baleine franche mesure quinze mètres de long et pèse entre trente et quarante tonnes ! Une fois échouée, on découpait la peau du cétacé en d'épais lambeaux de graisse que l'on faisait fondre dans des marmites géantes chauffées au feu de bois. Au Spitzberg aucun arbre ne pousse, mais paradoxalement le bois ne manque pas, les côtes sont jonchées de troncs venus s'échouer là, après un long parcours. Charriés jusqu'à l'océan Arctique par les grands fleuves de Russie, la banquise les emporte dans son lent courant de dérive. On en retrouve partout, même au sud du Groenland.

La graisse fondue était ensuite coulée dans des fûts en chêne, que des navires venaient prendre régulièrement pour les ramener en Europe. Cette huile de baleine servait surtout à l'éclairage des villes et à la fabrication du savon. Au début, on ne s'intéressait qu'à la graisse, mais les industriels surent vite exploiter toutes les ressources de ces baleines franches, considérées sans états d'âme comme des gisements vivants de matières premières. Avec les os on confectionnait de la colle et des substances gélatineuses, dans les fanons on taillait des « baleines » pour les corsets, les cols de chemises et les parapluies, avant que ne soit employé le plastique. Les fanons sont ces longs balais flexibles, implantés à la place des dents, à l'entrée de la gueule. Les cétacés se divisent en deux familles : les mysticètes, qui ont des fanons, comme la baleine franche, la grise ou la baleine à bosse, et les odontocètes, les cétacés à dents, comme l'orque ou le cachalot. Si les odontocètes chassent de grosses proies avec leurs dents, les mysticètes, en revanche, filtrent avec leurs fanons la nourriture en suspension dans l'eau de mer, comme le plancton ou le krill. Au Spitzberg, on chassait surtout la baleine franche, et la saison se limitait aux trois mois d'été, les mois où la mer est navigable, libre de glace, tant pour les baleines que pour les navires.

Ce furent d'abord les Hollandais et les peuples germaniques qui lancèrent ces campagnes, suivis par les Scandinaves, les Britanniques, et les Français. Dans les années 1700, on comptait dans les eaux du Spitzberg jusqu'à trois cents navires dans une même saison ! La place à terre commençait à manquer, et les questions de territoires entraînaient des tensions diplomatiques entre les États. Pour pallier ces problèmes, les baleiniers se mirent à dépecer leurs prises en pleine mer, ce qui accéléra la cadence de la tuerie et le travail des hommes. Pour ce faire, on amarrait le corps de la baleine contre la coque, puis les découpeurs montaient dessus et taillaient des lambeaux de peau avec leurs grands couteaux affûtés comme des rasoirs. Sous le vent du bateau, des nuées de mouettes, de labbes et de goélands s'arrachaient des morceaux de chair et d'organes, flottant à la dérive dans des traînées d'eau rouges de sang. Certains jours de forte houle, ce travail d'équilibriste auprès du bateau devenait impossible, et l'on remorquait la baleine dans une baie abritée ou le long de la banquise qui faisait office de quai. Une fois dépecée, la carcasse abandonnée était emportée en mer ou s'échouait sur une côte, offerte aux renards et aux ours qui trouvaient là une offrande pantagruélique.

Les hommes travaillaient durement, sans relâche, et à la fin de leurs quarts interminables, ils s'écroulaient tout habillés dans la soute d'équipage. Il régnait à bord une odeur pestilentielle de graisse rance, de sang frais et de viande en putréfaction. De toute la saison on ne se lavait pas, on ne se changeait pas. À quoi bon ! Tout était aussitôt imprégné de cette graisse épaisse qui recouvrait tout et dont on ne pouvait se défaire. Il ne fallait pas faiblir, car la compétition était rude. Les grandes compagnies imposaient leur loi en s'octroyant des territoires de chasse négociés avec les gouvernements. Elles avaient aussi la main sur le cours de l'huile qu'elles ajustaient en fonction de la production. Il fallait à tout prix remplir les soutes, et vite ramener le butin. On se souciait à peine du labeur des hommes et encore moins des suites de ce pillage carnassier, de l'extermination annoncée d'une espèce. Dans la seule année 1722, les baleiniers hollandais tuèrent à eux seuls 1 100 baleines franches, ce qui représentait 58 000 fûts de 233 litres d'huile et 500 tonnes d'os. La tuerie dépassait de loin le nombre des naissances. On estime que l'effectif d'une population de baleine croît annuellement de 2 %. Le nombre de prises étant bien supérieur au taux de reproduction, en moins de deux siècles d'une chasse déraisonnée, l'espèce fut décimée. La baleine franche a définitivement disparu du Spitzberg et de la côte est du Groenland, on ne l'a plus revue depuis 1850.

Il est surprenant de constater qu'aujourd'hui encore l'exploitation commerciale de nombreuses espèces vivantes, poissons, forêt, animaux sauvages, se fait avec la même avidité, sans se soucier de leur taux de renouvellement. Pour faire état de leurs préoccupations, les responsables politiques et les compagnies qui exploitent ces richesses financent des études de gestion des stocks et d'impact sur les écosystèmes, mais les recommandations qui en découlent ne sont que très rarement ou partiellement mises en application. Ce sont des enquêtes de façade. Toutes ces exactions massives à l'encontre de la nature sont aujourd'hui condamnables, car plus personne n'ignore les déséquilibres désastreux qu'elles entraînent à long terme. On ne peut plus laisser les acteurs de ces pillages dormir la conscience tranquille. Il faut bien comprendre qu'un écosystème est un grand village nommé « biotope » où toutes les espèces qui l'habitent vivent aux dépens les unes des autres. Chacune a sa spécificité, et sa vie conditionne celle d'une ou plusieurs autres espèces. L'extinction brutale de l'une d'elles bouleverse un équilibre qui a mis des milliers d'années à se mettre en place. Des questions se posent : combien faudra-t-il de temps aux espèces satellites pour s'adapter à de nouvelles ressources ou pour changer d'habitat ? Qui peut appréhender la cascade des bouleversements écologiques que cela entraîne ? Biotope est aussi le village de l'homme, et il n'échappera pas à ce réseau de prédation mutuelle qu'il chamboule de sa toute-puissance. Le danger viendra de l'infiniment petit, des micro-organismes, capables de muter plus vite que nos défenses. Une baleine disparaît et le monde change ses équilibres. Personne n'en mesure encore les conséquences.

Au Spitzberg, après avoir épuisé la mer, on s'est occupé de la terre. L'île était attractive, un *no man's land*, un territoire libre de toute appartenance officielle, que l'on pouvait revendiquer à sa guise, à condition de s'y installer. Comme pour la chasse à la baleine, on a vu venir des aventuriers d'Amérique, de Hollande, des Britanniques, des Suédois, des Allemands, des Norvégiens, et aussi des Russes. On a surtout trouvé du charbon. Non seulement il n'y avait pas à « manger » pour tout le monde, mais en plus les conditions climatiques et l'éloignement compliquaient sérieusement l'exploitation minière. Le coût du transport du minerai vers l'Europe ruinait la marge de profit déjà très mince. Les mineurs surexploités et peu payés sur ces terres inhospitalières se mettaient régulièrement en grève. Les revendications territoriales des compagnies envenimaient les relations entre les États. La bataille du charbon tournait au cauchemar. Il fallut attendre la fin de la Seconde Guerre mondiale, pour que le traité de Versailles, signé en 1920, mette un peu d'ordre dans ce qui devenait un casse-tête diplomatique. Deux nations s'imposèrent alors dans la région : la Norvège, à qui revint la souveraineté, et le jeune pouvoir soviétique, plus intéressé par l'emplacement que par le sous-sol en ce début de guerre froide. À occuper le terrain, autant profiter des ressources, et, avec l'aide de leurs États, Norvégiens et Soviétiques se mirent à extraire le charbon sans soucis du rendement.

Les Russes avaient deux mines : Barentsbourg et Pyramiden. Alignement d'immeubles staliniens, piscine, grandes serres, cultures de tomates et de salades, élevages de vaches et de porcs, gymnase, bars, bordel... Le « régime » n'avait pas lésiné pour attirer les camarades travailleurs. La mine donnait du charbon, et les antennes captaient les ondes du large. Le traité de Versailles interdisait les installations militaires sur le Spitzberg, mais son emplacement en faisait une très bonne tour de contrôle et d'information, et, sous le couvert de la mine, les Soviétiques occupèrent le territoire pendant soixante-dix ans, jusqu'à l'effondrement du bloc communiste. Aujourd'hui, les mines n'intéressent plus Moscou, et les Russes, abandonnés à leur sort, finirent par fuir leurs deux villes qui comptaient plus de trois mille âmes à la grande période. J'ai visité Pyramiden en 1995 et Barentsbourg pendant l'été 1999. J'en suis revenu bouleversé. Au cœur de cette misère glaciale, il ne reste que quelques habitants laissés pour compte, déambulant dans des rues vides, noircis jusqu'à l'âme par la poussière du charbon. Ils vivent là dans les ornières de l'empire soviétique, prisonniers d'une autarcie qui se dégrade d'année en année. Leurs dernières ressources viennent encore de rares touristes auxquels ils vendent quelques curiosités : minéraux, fossiles, roubles, médailles du parti, chapka, vieille *Pravda* et un pathétique artisanat local. La statue de Lénine est toujours debout sur la place, entourée d'une couronne de cailloux fraîchement peints à la chaux, comme une dernière prière. Ils ne savent pas ce qui se passe là-bas, sur le continent. Mais viendra vite le jour où, avec ce qui leur reste de fatalisme, ils devront affronter la grande mutation qui a bouleversé leur pays. À croire que l'évolution du monde n'est que l'adaptation à des successions de chaos.

De l'autre côté de la montagne, à quelques heures par la mer, Longyearbyen fait figure de capitale à l'occidentale. Ici aussi la Norvège n'a pas lésiné pour attirer les familles, mais dans un tout autre style. C'est un village de maisons en bois, modernes, peintes aux couleurs vives. Tout est neuf, propre, éclairé, animé, rien ne manque au confort de cette population d'un pays riche et soucieux de la qualité de la vie de ses habitants. Ici aussi la politique de la mine, qui a insufflé cette envolée et cette prise en main du territoire, n'a plus de souteneur à Oslo. On ferme les galeries et les mineurs repartent. Terminée, la noria des camions qui emmenaient le minerai sur le quai au charbon. Mais Longyearbyen continue à se développer, à s'équiper, à s'étendre. La ville est prospère, il y a du travail pour tout le monde. On a par moment l'impression que l'exploitation de la mine, qui a provoqué la greffe de cette génération spontanée en plein désert glacial, peut maintenant disparaître, qu'elle a terminé son rôle d'initiateur. Plantée là comme sur la lune, on serait amené à croire que cette société arrivée à maturité pourrait poursuivre son fonctionnement, en autonomie, sur la circulation des biens et des services entre les personnes.

Mais c'est un leurre de Robinson. À l'échelle individuelle ou collective, personne ne peut vivre en dehors des flux d'échange, sous peine d'entrer en régression. Il ne suffit pas que le sang circule pour survivre, on a besoin qu'il s'enrichisse de l'oxygène de l'air.

Fini la baleine, fini la position stratégique, fini le charbon, le Spitzberg doit encore muter vers l'exploitation de nouvelles matières premières. Sa principale ressource, la plus recherchée aujourd'hui, est sans aucun doute son exotisme polaire. Pays puissant, beau et attirant, il y a de plus en plus de monde à la vitrine. Mais il incombe à cette jeune population le soin de bien gérer les réserves du magasin, afin que le Spitzberg ne se vide pas de ce qu'il a aujourd'hui de plus précieux à offrir à la Terre : ses étendues sauvages où la vie des plantes et de ses animaux peut encore évoluer à leur mesure du temps, comme un juste équilibre à la folle accélération du monde.

5. L'apprentissage du temps

La baie ressemblait à ces ports naturels que la nature offre aux marins à la recherche d'un abri. Sur la lande moussue qui montait en pente douce, quelques troncs d'arbres rongés par des siècles d'érosion affleuraient à la surface du sol. Disposés en rectangles, ils marquaient les fondations de vieilles constructions en bois. Plus près de l'eau, des briques empilées dessinaient encore le départ d'une voûte au milieu d'un effondrement, certainement les restes d'un four à graisse de l'époque des baleiniers. Je me laissais prendre par la mémoire du lieu qui conduisait mes pas à l'écart de ces vestiges, vers une colline qui dominait la mer. Il y avait là plusieurs amoncellements de blocs de granit amassés par la main de l'homme. Entre les pierres d'un de ces tumulus, j'aperçus quelques ossements : j'étais sur le cimetière des baleiniers. Les pierres réchauffées par le soleil d'été s'étaient au fil des ans enfoncées dans le permafrost. Ici, le terrain ne dégèle jamais, sauf en été sur les premiers centimètres. La terre était trop dure pour y creuser des tombes. Alors, quand quelqu'un mourait, on recouvrait de pierres son corps posé à même le sol. Quelle que soit sa croyance, on calait une croix de fortune entre les blocs, pour conjurer la peine et s'acquitter du devoir moral envers le défunt et sa famille. Même loin du monde, la mort a besoin d'un rituel pour apaiser l'âme des vivants. Sur un de ces vieux bouts de croix qui avaient résisté aux intempéries, on devinait encore une inscription taillée au couteau, des lettres usées par les ans, à peine lisibles. En me penchant sur la tombe, je découvris, dissimulées entre les blocs, la tempe et l'arcade orbitaire de ce qui était de toute évidence un crâne humain. Une émotion m'envahit : un crâne ça parle. Derrière le front osseux et les trous des orbites, il y a toujours la mémoire du regard. Des hommes avaient vécu ici, certains jusqu'au bout de leur vie.

Nous étions sur ce qui reste de Smeerenburg, qui en hollandais signifie « le village de la graisse de baleine », un des hauts lieux de l'histoire du Spitzberg. Par le recoupement des archives, on estime que près de cent personnes vivaient ici au XVIIe siècle. Aujourd'hui il ne reste presque rien sur cette île Amsterdam, balayée par le vent glacial qui descend du pôle. Ces quelques témoignages sont les plus anciennes signatures de la présence humaine au Spitzberg. Barents, qui a découvert cette île en 1596, n'a mentionné aucune rencontre avec des autochtones sur ses journaux de bord. Même les fouilles les plus récentes n'ont jamais décelé le moindre indice de la civilisation du phoque.

D'après Kuzmin, anthropologue russe, les esquimaux polaires sont venus d'Asie par le détroit de Béring il y aurait quatorze mille ans, et ils se sont étendus sur ce que nous appelons aujourd'hui le Grand Nord Canadien. À l'extrémité orientale du continent américain, le détroit de Smith était facile à traverser pour ces nomades des glaces, et ils se sont déployés tout autour du Groenland. Mais, au-delà, on ne retrouve plus aucune trace de leur passage. Ils ont sûrement tenté des explorations plus lointaines en direction du Spitzberg, mais ils n'y sont jamais parvenus. En toute saison la mer du Groenland est sans répit secouée par des tempêtes et pavée de glaces à la dérive. Les esquimaux avaient très peu de chance de réussir cette périlleuse traversée en été, sur leurs kayaks en peau de phoque. Au printemps, la banquise au nord-est du Groenland est dangereuse, chaotique, broyée par un fort courant qui charrie vers le sud les glaces de l'océan Arctique. Pour ces muchers d'exception la route n'était pas impossible, ils conduisaient leurs attelages de chiens à la perfection et connaissaient la banquise dans ses moindres indices. On peut penser que si quelques valeureux avaient réussi à atteindre le Spitzberg, ils s'y seraient installés. Ces hommes de caractère, qui avaient appris à survivre aux rigueurs extrêmes de Thulé ou de l'île Ellesmere, auraient aimé les « douceurs » du Gulf Stream, la profusion de gibier et l'abondance de bois flottés. Mais la traversée de la mer du Groenland était bien trop hasardeuse pour ces nomades, même s'ils avaient développé une exceptionnelle adaptation à la vie polaire.

La force des esquimaux se concentrait dans leur capacité à attendre, attendre à l'affût sur la banquise des heures, immobiles dans le froid, attendre sous l'igloo des mois de nuit sans fin, jusqu'à ce que le jour revienne. Pour ces paysans du grand hiver, la chasse était l'unique métronome. Que signifie demain sans le rythme des jours, quand le soleil ne se couche jamais, quand la nuit noire dure quatre mois, quand on n'attend rien du monde pour vivre. Leur vie se passait là, dépouillée à l'extrême avec le peu de matériaux dont ils disposaient : la glace, la tourbe, les pierres et surtout les produits de la chasse. De chaque bête abattue, tout était parcimonieusement utilisé : la viande, la graisse, la peau et les os. Avec très peu il fallait organiser une vie, avec presque rien ils arrivaient à tout faire. C'est dans la frugalité des moyens que se révèle l'intelligence, appliquée, instinctive. Moins on a d'outil et plus il faut du temps pour accomplir chaque chose, et du temps ils en avaient à profusion, sans limite, un univers de temps. Comme tous les habitants du désert, ils savaient s'abandonner à l'invasion nonchalante du temps.

Je me souviens d'un événement qui m'avait marqué lors de ma première visite à Resolute Bay, durant l'été 1984. J'avais rejoint ce tout petit village de l'extrême Nord canadien, pour préparer mon expédition au pôle Nord. Resolute était une piste d'atterrissage construite sur un désert de cailloux gelés. De là partaient des petits avions qui desservaient quelques rares villages inuits subventionnés par le gouvernement. L'arrivée à Resolute Bay donnait l'impression de débarquer sur la lune. À l'écart de la piste, deux rangées de baraquements peints en rouge abritaient les services administratifs et le personnel canadiens : la garde-montée, la poste, la météo, le téléphone et les services de l'aéroport. Un bâtiment plus imposant faisait hôtel pour les amoureux des hautes latitudes. Je logeais à cinq kilomètres de là, au village inuit, dans une petite auberge tenue par Bezal et Terry, lui un Indien de Madras, elle une Canadienne de Yellownife. Sur la porte d'entrée de la cabane, un écriteau affichait la raison sociale de la maison : Hight Arctic International, un programme touristique qu'ils développaient avec beaucoup d'authenticité et de respect pour le pays et ses habitants. Ils hébergeaient une poignée de chercheurs, des touristes de passage, et quelques rares fonctionnaires envoyés de temps en temps par Ottawa pour enquêtes, dossiers et statistiques. Je me rappelle avoir discuté avec certains d'entre eux, des braves gens soucieux des questions que se pose l'homme blanc, partout où il a bousculé la tradition des peuples autochtones. Comment agir avec cette communauté en mutation, comment les aider à se prendre en main, à donner un sens à leur vie, à trouver une place dans la grande circulation du monde ? Bezal était venu au Canada il y avait une vingtaine d'années pour travailler sur les plates-formes de pétrole de la mer de Beaufort, et, après avoir gagné assez d'argent, il avait quitté son job pour monter son propre « business ». Indien, il se sentait proche des esquimaux polaires dont il parlait la langue. À Resolute Bay il était devenu quelqu'un d'important. Il faisait travailler du monde et représentait régulièrement le peuple inuit dans les réunions territoriales. Il avait adopté cette fatalité, cette sagesse des gens qui vivent là où les éléments sont plus forts que la volonté humaine.

Au cours de ce premier séjour sur ces terres d'aventures, j'avais assisté aux premiers pas de la télévision inuit. Bezal et Terry faisaient salon pour ceux qui n'avaient pas de poste. Je m'étais assis parmi eux. Les quatre heures d'émissions de l'après-midi étaient un documentaire ininterrompu sur la construction d'un kayak traditionnel. L'image variait très peu. Un plan large quasi permanent situait l'action : un vieil inuit et son ouvrage sur un fond de mer bleue où flottaient quelques blocs de glace. Régulièrement, la caméra se focalisait sur le travail des mains. Le film n'était pas monté, il défilait à la vitesse d'exécution des travaux. L'homme faisait des gestes lents et parlait peu. De temps en temps, il s'arrêtait pour rouler une cigarette et on attendait patiemment qu'il l'allume. Par moment, il sortait du champ pour aller chercher du matériel dans sa cabane, et il revenait avec un morceau de bois ou une lanière en peau de phoque. Parfois, il disparaissait de l'écran, nous laissant seuls, face à une image fixe, sans autre commentaire que le bruit du vent, prenant le temps qu'il faut à un homme de son âge pour pisser... Les deux Inuits assis à mes côtés avaient le même âge que l'artisan du kayak, et ils le regardaient calmement sans rien dire. De temps à autre, ils échangeaient quelques mots dans leur langue, des commentaires sur certains gestes techniques qu'ils répétaient de leurs doigts noueux. Quand ils se rendirent compte que je les observais, ils se mirent à rire... de ce rire à la chinoise, qui masque tout sans rompre les liens.

— *Very old, very old !*

Ils ne parlaient pas l'anglais ou si peu, mais suffisamment pour me faire comprendre qu'ils revivaient une époque révolue. Que se passait-il derrière ces visages burinés, dans le cœur de ces Inuits sans âge ? Ils ne semblaient pas nostalgiques, ils appartenaient à la génération qui accueillit la modernité avec émerveillement, comme un soulagement à leurs dures conditions de vie. Bezal traversa la pièce, m'invitant à me servir du café, comme s'il devinait qu'un stimulant m'aiderait à rester attentif. Il n'avait pas tort.

— Bezal, est-ce que ça va durer ainsi jusqu'à la fin de la construction du kayak ?

— Hé oui ! me dit-il, et il y a encore deux émissions de quatre heures, demain et après-demain.

À son sourire complaisant et un peu gêné, je compris qu'il compatissait avec ce peuple, et qu'il n'y avait pas la place pour le moindre commentaire ironique.

— Tu sais Jean-Louis, en venant de Paris cette émission peut paraître ridiculement lente et stupide, mais il faut y entrer pour comprendre la vie de ce peuple.

Quand il n'y a pas grand-chose à voir, on apprend à mieux regarder. Dans le vocabulaire inuit, il y a plus de trente mots pour parler de la glace, selon sa couleur, sa solidité, sa glisse, son épaisseur, son âge... Dans leur désert, ces hommes n'avaient pas besoin qu'on leur montre, ils voyaient tout, et la télévision était pour eux une sorte de fenêtre ouverte sur leur vie, en temps réel. Ça ne les surprenait pas, la lenteur faisait partie de leur économie pour survivre. Le dépouillement n'est pas seulement la façon de vivre avec peu, c'est l'art de vivre pleinement chaque instant.

Dix ans plus tard, je me retrouvais sur cette petite île d'Amsterdam, à essayer de revivre ce que devait être la vie de ces esquimaux polaires. J'enviais leur autarcie et leur capacité à se dilater dans le temps. La journée était splendide et le Spitzberg offrait tout ce qu'il a de plus beau. La brise du nord, pure, froide, chagrinait la surface de la mer indigo où glissaient des blocs de banquise turquoise. Tout près de moi, sur un rocher qui émergeait de l'eau, une mouette ivoire me regardait sans bouger, magnifique. Mon cœur et ma tête semblaient trop petits, trop encombrés pour accueillir tant de beauté. Étais-je capable de me fondre dans ce décor polaire, de vivre pleinement ce moment attendu, d'être honnêtement là, calme comme la mouette, sans penser ailleurs, sans autre projection mentale. Je m'assis à l'abri du vent et la chaleur du soleil devint apaisante. Je m'endormis. Quand j'ouvris les yeux, la mouette s'était curieusement rapprochée, si près que je sentais son regard. Comment communiquer, comment lui dire l'envie qu'elle avance encore, qu'elle vienne sur mon épaule et qu'on parle, qu'elle me raconte sa vie de mouette. Sa tranquillité à deux mètres de moi était le plus bel accueil qu'elle pouvait me faire, sa reconnaissance de mon appartenance à ce monde sauvage. Des frémissements de bien-être me traversaient le corps. Dans cet instant magique j'entrais dans le rêve, ce rêve qui m'habite depuis toujours, de me fondre dans la nature, loin de l'agitation du monde.

Comme s'il avait accompli sa tâche, l'oiseau de mer fit un saut sur ses pattes et disparut en planant à la surface de l'eau. Jamais je ne le reverrai, mais il avait à mes pieds déposé ce message : la sérénité émerge de soi quand on prend le temps de débarrasser son être de tous les fatras inutiles qui encombrent l'esprit. La mouette m'avait un instant accompagné sur le chemin de la quiétude.

6. L'audace des pionniers

Le phoquier progressait péniblement en direction de l'Île Blanche dans une banquise démantelée par le courant et les vents. Une houle résiduelle soulevait de gros blocs de vieille glace qui heurtaient la coque en bois, des chocs puissants et sourds comme des coups de poing. La marge de manœuvre du capitaine était faible, et il valait mieux se tenir le plus possible à distance des champs de glace trop serrés. Le *Bratvaag* appartenait à la lignée de ces bateaux polaires, dessinés et construits par Colin Archer, le fameux architecte naval norvégien qui en avait conçu d'autres et pas des moindres. De son chantier naval de Sandefjord n'étaient sortis que des bons bateaux, dont le célèbre *Fram* de Nansen, qui avait résisté à tous les assauts de la banquise pendant trois années de dérive sur les glaces de l'océan Arctique. L'équipage du *Bratvaag*, rompu à cette navigation difficile, savait malgré tout qu'on n'est jamais à l'abri de se faire éventrer dans les tenailles du pack. Il était rare que l'on puisse atteindre en été les parages de l'Île Blanche, au nord-est du Spitzberg, car elle reçoit toute la banquise charriée par le grand courant de dérive transpolaire. Mais en cette année 1930, les conditions climatiques semblaient favorables à la navigation, si bien que les plus hardis tentaient l'aventure dans ce secteur où ils espéraient trouver d'importantes colonies de phoques et de morses. Un instant le capitaine fut tenté par une veine d'eau libre qui semblait contourner l'île par l'est, mais l'expérience lui interdisait de prendre cette route. Ouverte à la faveur d'une détente du pack, elle pouvait à tout moment se resserrer et acculer le *Bratvaag* à la côte comme un vulgaire billot de bois flotté. Raisonnablement, il valait mieux attendre que l'approche par le sud-ouest se libère, d'autant que l'îlot n'était plus très loin, le dôme de neige qui le recouvrait commençait à se dessiner sur l'horizon. Pour économiser le combustible, le mécanicien coupa le moteur. Il faisait beau et tout l'équipage vint boire le café sur le pont. Parmi eux, un petit groupe de trois observateurs scientifiques qui avait embarqué à Tromsoe. Ces intellectuels devaient côtoyer les rudesses et les exigences des chasseurs polaires, ce qui donnait par moment des scènes assez cocasses. Monté dans le nid de pie, Gunar dit apercevoir des grappes de phoques allongés en bordure de l'île, ce qui fit un peu ricaner.

— Je vous assure, aux jumelles on les voit très bien bouger.

Tout jeune biologiste à l'université de Bergen, il n'en était qu'à sa première campagne et le vieil ours du bord se moqua de lui.

— Je suis déjà venu ici en 1919, et je me souviens de la même histoire, répliqua ce rabat-joie de Carlsen. On a cru apercevoir des phoques, mais il y avait surtout de grosses pierres polies par l'usure des glaces.

— Mais tu nous as dit que vous aviez fait une bonne chasse, rétorqua Gunar un peu narquois.

— Oui, très bonne, mais ces « bêtes-là » sont des pierres.

Gunar n'avait pas l'intention de polémiquer avec le vieux, qui pestait aussi parce que le courant les éloignait inexorablement de la côte. Rompus aux exigences de la glace, la majorité des équipiers attendaient patiemment l'heure en fumant la pipe. On n'entendait que le grincement de la glace sur la plaque de cuivre qui protégeait le bois de la coque, quand soudain tout le monde fut alerté par un souffle : un morse venait de sortir à une dizaine de mètres.

— Ne bougez pas, déclara le capitaine, si on reste calme, d'autres vont venir. Ces bêtes-là vivent en groupe et elles sont très curieuses.

En moins d'un quart d'heure, trois morses prenaient le soleil en toute insouciance autour du bateau.

— C'est très bon signe, précisa le vieux Carlsen, la chasse s'annonce plutôt bonne. Attendons un peu avant de tirer, ce n'est pas la peine de semer la panique.

Hensen, envoyé dans la vigie pour guider le timonier, alerta le pont :

— Hé, les gars, nous avons de la visite à tribord !

Une femelle et ses deux oursons remontaient la brise, truffe au vent en direction du bateau. Le *Bratvaag* n'était pas là pour la chasse à l'ours, mais tout le monde s'accordait pour abattre la mère. Les deux oursons devaient avoir deux ans, l'âge à partir duquel ils prennent leur vie en main. La femelle faisait bien trois cents kilos, une bonne réserve de viande et un gain supplémentaire pour le bord ; la peau se vendait bien chez les fourreurs de luxe. Quand le trio familial s'immobilisa, à une trentaine de mètres, le capitaine désigna Hensen, qui l'avait vue le premier, pour la tuer. À la première balle, la bête s'effondra, touchée en pleine poitrine. Affolés, les deux oursons s'éloignèrent en courant, puis revinrent vers le corps de leur mère qui gisait sur la neige. Le plus petit des deux hurlait de tristesse, pendant que l'autre léchait le sang qui s'écoulait de la plaie.

— Allez, il ne faut pas traîner, dit le capitaine. Il faut dépecer la bête et découper la viande avant que le corps ne durcisse avec le gel.

Hensen et deux équipiers s'avancèrent à pied

sur la banquise, en tirant des coups de feu en l'air pour éloigner les deux oursons qui n'opposèrent aucune résistance. Une fois le corps hissé à bord, le travail fut proprement fait en moins d'une demi-heure. Dans le même temps, les trois morses avaient été abattus puis dépecés.

La saison commençait bien pour l'équipage du *Bratvaag*, d'autant que le bateau faisait route en direction de l'île. Des taches fauves, dispersées çà et là sur des blocs de banquise, étaient bien des phoques. Allongés dans la plus grande insouciance, ils faisaient une bonne sieste, indifférents aux pétarades du moteur. Profondément endormis, ils ne relevaient la tête qu'au dernier moment. Quand leurs gros yeux ronds embués de larmes devinaient la masse qui arrivait sur eux, ils se trémoussaient rapidement jusqu'à l'eau, mais le plus souvent la balle les rattrapait avant qu'ils ne plongent. Le regard du chasseur ne croise jamais celui de sa proie avant de l'abattre, il s'arrête sur le viseur au bout du canon : c'est peut-être ce qui lui laisse croire qu'il n'est pas un tueur. Gunar et ses deux collègues naturalistes comprenaient très bien l'excitation de ces chasseurs professionnels, mais ils éprouvaient un certain haut-le-cœur devant cette tuerie et ils ne pouvaient la partager.

— Vous avez vu derrière ?

Abandonnés brutalement à leur vie d'adulte, les deux oursons suivaient à une bonne distance le sillage du bateau.

— Quand on avance dans des eaux inconnues, il vaut mieux regarder devant, dit brièvement le capitaine pour conclure.

Tendu, il avançait prudemment à la sonde sur ces fonds inconnus. La tâche était hasardeuse, car il fallait louvoyer entre les plaques de banquise tout en se méfiant des récifs non cartographiés. À force de persévérance et d'audace, le bateau parvint enfin à proximité de l'île, et quatre hommes furent envoyés en éclaireurs. Le petit canot progressait difficilement dans ce dédale de glace que les marins repoussaient à l'aide de leurs avirons. Comme ils s'éloignaient du bateau et disparaissaient dans le chaos, le capitaine, par sécurité, envoya Johan dans la vigie. Après un long silence celui-ci s'écria enfin :

— Je les vois, ils ont débarqué sur l'île. Ils semblent tous les quatre très affairés autour de quelque chose que je n'arrive pas à définir. Olav fait des gestes en direction du bateau, mais je ne comprends pas ce qu'il veut dire.

Eliassen, le capitaine, ordonna qu'on le conduise à terre avec la deuxième annexe du bord. Quand il arriva sur l'île, les quatre hommes l'attendaient, impatients de montrer leur découverte.

— Capitaine ! Venez voir, on a retrouvé les vestiges d'une expédition.

Une petite embarcation en toile émergeait de la neige, remplie d'une multitude d'objets hétéroclites. Un anémomètre, un nécessaire de couture, une boîte en aluminium cabossée, des outils, deux fusils... Sur l'un d'eux, Eliassen releva une inscription gravée dans le bois de la crosse : « Andrée pol.exp.1896. »

— L'Expédition Andrée ! dit-il en levant les yeux au ciel. Nous venons de découvrir l'énigme de la disparition de l'Expédition Andrée !

Il resta un moment debout, sans rien dire, figé par une intense émotion. Ses hommes le regardaient, interloqués par cette gravité inhabituelle sur le visage de leur capitaine. Ils étaient trop jeunes pour connaître l'histoire.

— Capitaine, qui était Andrée ?

— Un ingénieur suédois, parti du Spitzberg pour tenter d'atteindre le pôle Nord en ballon.

Eliassen ordonna tout de suite d'aller chercher d'autres équipiers, et de rapporter des pelles et des pioches pour explorer la zone ensevelie sous la glace. Tout le monde se mit à dégager la neige et un premier corps fut découvert à une dizaine de mètres du canot en toile. La vue du cadavre souleva le cœur de ces hommes endurcis, réveillant dans leur chair la peur de la mort lente qui vous guette sous ces hautes latitudes. Sur les haillons de la veste était gravée la lettre « A ». Le capitaine glissa sa main tremblante sous l'étoffe élimée et retira un carnet sur lequel était écrit : S.A. Andrée. Il n'y avait pas de doute, c'était bien le corps de Salomon-Auguste Andrée. Les pages encore lisibles étaient écrites de

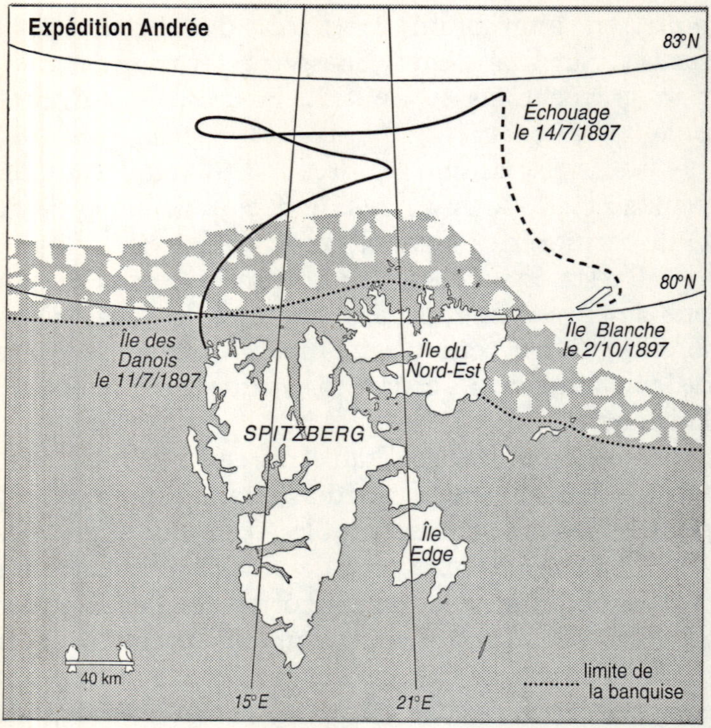

la main de l'explorateur. Eliassen ne pouvait cacher son trouble, désemparé entre l'émotion et l'excitation de la découverte.

— J'avais dix-huit ans quand ils ont disparu, en 1897, et nous sommes aujourd'hui le 6 août 1930. Cela fait trente-trois ans, et tout me revient en mémoire comme si c'était hier. Les dernières nouvelles nous étaient parvenues grâce à un pigeon voyageur, lâché depuis le ballon le 13 juillet 1897, et tué deux jours après par un phoquier qui l'avait pris pour une perdrix des neiges. Il portait ce message : « Tout va bien à bord. » Je me souviens très bien de l'émoi que sa disparition avait provoqué en Europe. Toutes les expéditions de recherches étaient restées infructueuses, et les rares phoquiers qui avaient atteint l'Île Blanche n'avaient jamais découvert ces vestiges ensevelis sous la neige. On avait conclu qu'ils avaient dû périr sur la banquise, engloutis par la mer. (Après un temps de réflexion il ajouta :) Ils étaient trois à bord du ballon, des Suédois, et s'ils sont tous arrivés là on devrait retrouver trois cadavres.

Tout le monde s'affaira avec délicatesse pour extraire le matériel soudé au sol par une épaisse gangue de glace. À la fin de la journée les marins remontèrent sur le *Bratvaag* tout ce que le dégel avait permis de découvrir : le corps d'Andrée, celui de Strindberg, et une foule de matériel, sextant, chronomètre, boussoles et les précieux journaux de bord qui allaient révéler toutes les péripéties du drame. Tout fut précieusement collecté et rangé dans le bateau, puis Eliassen ordonna de quitter les parages de l'Île Blanche, tant que les abords restaient navigables. Habités par la fierté d'avoir participé à une importante découverte, les hommes regardaient s'éloigner le cairn construit de leurs mains, au pied duquel une bouteille contenait ce message :

Ici le Bratvaag, *capitaine Peder Eliassen, a trouvé les restes de l'Expédition Andrée.*

Sur l'Île Blanche, le 6 août 1930

Ils firent route sur les îles François-Joseph et, quelques jours plus tard, communiquèrent la nouvelle à un bateau qui rentrait en Norvège. Fin août, alors qu'ils pénétraient dans les canaux au nord de Tromsoe, le capitaine du *Bratvaag* annonça par radio son arrivée à la capitainerie du port. L'appel fit l'effet d'une bombe. Ce fut un déferlement de questions et d'excitation, tout le monde les attendait : la presse, les autorités norvégiennes et suédoises, des scientifiques, des historiens, des curieux... Ils apprirent qu'un autre phoquier avait quitté Tromsoe pour compléter les recherches sur l'Île Blanche. Le 2 septembre, le *Bratvaag* débarqua les dépouilles de l'Expédition Andrée en grandes pompes. Quinze jours plus tard, l'équipage de l'*Isbjorn* ramena le troisième corps, celui de Fraenkel, et d'autres vestiges, dont les plaques photographiques qui, malgré l'inscription « *Eastmann. Date de péremption, février 1898* », illustrent parfaitement la retraite de ces héros, depuis l'échouage sur la banquise jusqu'à leur dernière terre. Tous ces trésors historiques furent collectés, et un long travail de décryptage révéla les détails de cette tragédie polaire.

Le voyage ne dura en fait que trois jours. Très vite après le décollage l'enveloppe du ballon givra et s'alourdit. Malgré le délestage d'une partie du matériel, la nacelle finit par heurter brutalement la banquise. Après l'échouage, les hommes marchèrent pendant trois mois, tirant des traîneaux lourdement chargés, sur une banquise impraticable à cause du dégel. Tentant de revenir sur la terre de départ, ils atterrirent sur l'Île Blanche où ils ne survécurent que trois semaines, en dépit d'une chasse abondante. De quoi sont-ils réellement morts ? Pour quelle raison ont-ils cessé d'écrire peu après leur arrivée sur l'île ? Pourquoi le premier mort n'a-t-il jamais été mentionné dans le carnet de ses survivants ? Les dernières notes sont écrites par Strindberg : « 17 octobre. Retour à 7 heures du soir. » Puis ce fut le silence, un silence de plus de trente ans sous l'épais linceul de l'Île Blanche.

Un siècle après, nous avions mouillé l'*Antarctica* dans la baie de Virgo, sur l'île des Danois, au nord-ouest du Spitzberg. Du pont du bateau, on devinait des ruines dans une échancrure de la côte, de toute évidence les vestiges de l'Expédition Andrée que l'on approcha avec beaucoup de fébrilité. Tout était là : le grand paravent en bois construit pour abriter le ballon au moment du gonflage et les restes de l'« usine à gaz ». L'hydrogène du ballon, fabriqué sur place, provenait de l'action de l'acide sulfurique sur la limaille de fer. Les obus d'acier qui avaient servi à transporter l'acide étaient dispersés sur des monceaux de rouille. Tout était effondré, mais le passage des ans n'avait pas gommé la mémoire des lieux, et nous marchions sur ces débris avec le recueillement qu'imposait l'Histoire. Je tenais entre les mains la photo prise au moment du départ. Un siècle s'était écoulé depuis ce 11 juillet 1897 où les trois aéronautes suédois avaient quitté la terre ferme. Aujourd'hui, je revivais cette histoire, à l'endroit même où l'*Oern* avait décollé, pour le plus incertain des voyages de la conquête polaire. Le paysage n'avait pas changé ; au premier plan les mêmes blocs rocheux, et au fond le contour des montagnes, invariablement le même. Seule exception de taille, l'immense glacier à droite de la photo avait considérablement régressé. Comment autant de glace avait-elle pu fondre en un siècle !

Dans ce décor identique, je revivais le départ de l'aventure, cet instant mêlé d'ivresse et de craintes, ce moment décisif où l'on sort du cocon exaltant du rêve pour affronter la réalité. Après l'accouchement dans les airs, l'immensité gelée de l'océan Arctique s'ouvrait devant eux. Portés par l'ambition d'être les premiers au pôle Nord, ils s'en remettaient pour toujours aux caprices des vents. Dans les restes de l'expédition, on avait retrouvé une boîte contenant des dollars et des roubles, selon que les vents les pousseraient vers l'Amérique ou la Russie. Minutieusement préparé, l'ingénieur Andrée avait tout prévu, jusque dans le moindre détail, sauf que l'équation du vol était insoluble. Porté par son rêve du pôle, il a payé de sa vie et de celle de ses compagnons pour faire progresser la connaissance. Ils ont porté en hauts lieux toute la noblesse de l'aventure.

7. Hinlopen

On s'attendait à rencontrer le pack à cette latitude, mais, depuis plusieurs années, la limite de la banquise remontait au-delà du parallèle 80 à la fin de l'été. J'étais tenté de monter plus au nord, virer Moffen, l'île aux morses, rendre visite aux deux naturalistes qui avaient embarqué sur le *Lance*, le jour de notre arrivée à Longyearbyen. Mais Moffen était classé réserve naturelle ce qui limitait l'accès aux personnes autorisées et je ne voulais pas forcer la porte. Quand on a interdit la chasse, en 1952, l'espèce était proche de l'extinction, et les rares morses qui restaient encore au Spitzberg se sont regroupés sur cet anneau de gravier qui répondait à leur besoin. Ces mammifères sont si lourds et si pataugds à terre qu'ils recherchent les côtes de sable ou de galets en pente douce, pour aller à l'eau ou en sortir facilement. D'autre part, ils se nourrissent de coquillages et de crustacés en grattant le fond avec leurs deux longues dents acérées, ce qui les cantonne dans les eaux peu profondes du plateau continental. Moffen leur convient très bien, et ils s'y sont développés, appréciant la tranquillité de cette île isolée où ils viennent tous les ans passer l'été en abondantes colonies. D'après les spécialistes du Norsk Polar Institute, on peut dire aujourd'hui que les morses sont préservés dans la région. Toute espèce vivante a besoin d'intimité, d'espace à soi, et la création de zones protégées a déjà sauvé la vie de plusieurs espèces menacées par les abus du comportement humain. En cette mi-septembre, poursuivant notre circumnavigation, le temps était venu de s'engager dans l'Hinlopen, cet étroit passage de 90 milles de long, entre le Spitzberg et la grande île du Nord-Est. Les bonnes années, cette voie d'eau n'est praticable qu'à la fin de l'été, au moment du minimum glaciaire, mais on n'est jamais assuré de la navigabilité de la partie sud, où les glaces dérivantes de la mer de Barents s'accumulent. C'est en général l'époque où il vaut mieux quitter ces hautes latitudes, et limiter autant que possible les navigations dans ce secteur où la glace peut malencontreusement vous enfermer pour l'hiver. Nous étions venus là pour un hivernage, ce qui nous laissait le temps de tenter l'aventure et clôturer ainsi une navigation complète autour du Spitzberg.

À défaut de pouvoir aller sur Moffen, nous avions profité de ce luxe de temps, pour débarquer à Mosselbukta, sur les vestiges du camp du fameux Nordenskjöld. Ce géologue et explorateur polaire suédois avait fait de nombreuses expéditions au Svalbard, mais on lui devait surtout la découverte du Passage du Nord-Est à bord de la *Vega*. Parti de Suède en juillet 1878, il réussit à atteindre le détroit de Béring l'été suivant, après un hivernage sur les côtes sibériennes. Avec beaucoup de courage et d'opiniâtreté, il traçait sur la carte du monde le plus court chemin pour commercer entre l'Europe et l'Asie, une route maritime entre l'Atlantique et le Pacifique, qui permettait d'éviter le grand tour par le cap de Bonne-Espérance ou le cap Horn. C'était une découverte pleine de promesse, mais l'avenir dira qu'en cette année 1878, et bien qu'ayant été contraint à hiverner près de la sortie du passage, Nordenskjöld avait eu de la chance. Sur cette côte de Sibérie, longue de plusieurs milliers de kilomètres, la banquise exerce une pression sans relâche, et ce projet de route maritime du Nord fut très vite abandonné, car trop aléatoire. Il connut cependant un regain d'intérêt à la grande époque de la puissante URSS. Pour couvrir l'immensité de leurs côtes, et permettre un plus large débouché aux richesses du sous-sol sibérien, les Soviétiques n'hésitèrent pas à construire des brise-glace géants, capables de tailler un chenal dans une banquise de trois à quatre mètres d'épaisseur. Ces forteresses flottantes à propulsion nucléaire ouvraient la voie à des caravanes de bateaux qui leur emboîtaient le pas. À cette époque, la raison d'État primait sur l'équilibre commercial, si bien que depuis l'effondrement du bloc soviétique, il ne passe plus beaucoup de bateaux au large du cap Tcheliouskine, au bout de la presqu'île de Taïmyr.

Mais Nordenskjöld avait montré le passage, imprimant pour toujours son nom dans le gotha des grands explorateurs de la planète. Sa présence s'imposait sur ces ruines dégradées par le temps, et je revoyais l'homme, sa stature, son engagement passionnel pour l'Arctique où il avait passé l'essentiel de sa vie. En cette fin de journée, le soleil assez bas sur l'ouest chauffait la lumière de ses rayons rasants. Il faisait exceptionnellement doux et personne ne manifestait l'envie de revenir sur le bateau.

Nous avons allumé un feu avec les bois flottés qui s'amoncellent depuis des siècles sur ces côtes extrêmes. En marchant le long de la grève, on découvrait avec stupéfaction que tout en haut du Spitzberg, si loin du monde, les plages étaient polluées par les déchets rejetés à la mer : surtout des matières plastiques, des morceaux de filets maculés de goudron, et quelques vieux flotteurs de pêcheurs... Je m'attardais sur un encrier d'écolier qui contenait encore un fond d'encre violette. Une inscription en lettres russes apparaissait en relief, moulée dans le verre du récipient. Comme souvent dans les déserts, les moindres traces insolites nourrissent l'imagination des plus extravagantes hypothèses. Ce flacon abandonné dans le hasard des flots entretenait le mystère de la bouteille à la mer. D'où venait cet encrier, et combien d'années d'errance pour arriver jusqu'ici... ? Le liquide sentait encore l'écriture, celle de l'écolier, de l'enfance. De quel cartable était-il tombé, sur quel bureau trônait-il ? Peut-être était-ce l'encrier d'un vieux poète russe qui y avait mille fois trempé sa plume à la recherche du mot juste. Comme si elle venait de ressusciter entre mes doigts, je me sentais très empoté avec cette fiole qui prenait de l'importance et occupait soudain toute la place. J'ai fini par la reposer sur cette plage où le destin l'avait conduite. Avec rien on peut faire une histoire, quand rien autour de soi ne limite l'enchantement.

L'entrée nord de l'Hinlopen était totalement libre de glace, l'eau calme, lisse, sans un souffle d'air. Nous n'étions pas aussi seuls que je l'aurais cru : deux bateaux de pêche se laissaient dériver côte à côte au milieu du chenal. En s'approchant d'eux, nous réussîmes à deviner sur leurs coques en mauvais état qu'ils venaient d'Arkhangelsk, des Russes qui ne répondaient pas à notre appel radio. Nous descendions lentement vers le sud et de part et d'autre du chenal se dessinait sur l'horizon la ligne ronde des inlandsis qui tangentaient le firmament. Notre vaisseau glissait sur l'eau entre ces deux calottes de glace qui remontaient en pente douce de la mer jusqu'au ciel. La lumière du soir confondait tous les bleus jusqu'au pourpre du couchant : nous étions sur la lune un jour de pleine terre. Le temps n'avait pas de prise sur nous. Loin devant, dans l'obscurité du détroit, la coupure franche d'une falaise verticale se détachait de l'eau : Alkefjellet, la falaise aux oiseaux, ce serait pour demain. Moteurs coupés, nous avons dérivé toute la nuit dans le silence absolu.

Ce sanctuaire de la reproduction faisait peut-être la hauteur de la tour Eiffel. Nous étions un peu tard en saison, et il ne restait que des retardataires, quelques mouettes tridactyles, mais surtout des guillemots de Brünnich, de la famille du pingouin du Nord, à ne pas confondre avec les manchots de l'Antarctique. Au début juillet, en pleine saison de ponte, on a compté ici jusqu'à deux cent cinquante mille couples serrés les uns contre les autres sur des vires très étroites. Heureusement leurs œufs aplatis, piriformes, ne roulent pas, ce qui limite la casse sur ces rebords escarpés où ils pondent à même la pierre, sans la moindre ébauche de nid. Comme tous les alcidés, ils sont très agiles sous l'eau, capables de plonger, et de nager très vite avec leurs ailes pour capturer des poissons. En revanche, ils volent fort mal. À vingt jours, les petits se lancent sans expérience du haut de la falaise pour un premier vol jusqu'à l'eau où les parents vont tout de suite leur apprendre à se nourrir. La saison est courte dans le Haut Arctique, et ici plus qu'ailleurs le temps est limité pour éduquer les jeunes, il faut partir dès la fin de l'été. La présence de tous ces oiseaux en septembre signait d'ailleurs un retard dans l'apparition de l'hiver, un retard dont ces oiseaux profitaient. Nous sommes restés là quelques jours à explorer les fjords, ces profondes échancrures glacières qui débouchaient par moment sur de larges plaines lunaires où circulaient des torrents. Nous partions pour des heures de marche dans cet univers minéral, désertique. Heureusement, les lichens accrochés sur les pierres donnaient une touche de couleur, car, en l'absence de terre, aucune plante ne poussait. La terre nourricière était d'autant plus rare, fragile, que le cycle végétal y était extrêmement lent. Quelques cassiopes, dryas et saxifrages, dispersées çà et là à l'abri des rochers, avaient poussé l'audace jusqu'à venir vivre ici, dans ce secteur le plus inhospitalier de l'archipel. Elles attendaient leur manteau de neige qui les protégerait des rigueurs de l'hiver. Un couple de sternes arctiques se trouvait paradoxalement là, manifestant à notre égard leur agressivité territoriale légendaire. Graciles, véloces, piaillardes, elles nous fonçaient dessus, prêtes à nous trouer le crâne de leur bec acéré. Qu'avaient-elles donc encore à protéger en cette période tardive ? Avaient-elles tout simplement décidé de ne pas aller passer l'été en Antarctique, comme cela est la coutume chez ces grands migrateurs ?

De nombreux bateaux norvégiens étaient en pêche dans ce détroit, où la présence de tous ces oiseaux témoignait de la richesse des eaux. Combien de tonnes de poissons et de crevettes fallait-il tous les jours pour nourrir ce monde ! La sortie sud de l'Hinlopen s'élargissait à l'horizon vers l'est, s'ouvrant sur la mer de Barents. La glace était au rendez-vous, un mélange de floes, ces parcelles de vieille banquise de toutes les tailles, et d'icebergs issus du vêlage de l'inlandsis qui recouvre la grande île du Nord-Est. Nous pénétrâmes avec assurance dans ce pack assez lâche. Quarante milles nous séparaient de l'entrée nord du Storfjord, où nous serions à l'abri de ces glaces dérivantes, au milieu desquelles il valait mieux ne pas traîner. La poussée des moteurs suffisait à écarter les plaques, jusqu'à ce qu'une zone d'étranglement nous empêche de passer. Nous avons coupé les moteurs en attendant la relâche. Il n'y avait pas d'inquiétude à se faire, il s'agissait d'une compression mécanique qui se lèverait au renversement de la marée ou à la moindre brise. Il faisait plus deux degrés, ce qui nous mettait à l'abri de la soudure du gel. La glace était suffisamment serrée pour que l'on puisse descendre du bateau. Pour la première fois depuis la marche vers le pôle, je posais à nouveau les pieds sur la banquise arctique. J'avais perdu mon aisance pour avancer sur des blocs instables, mais l'émotion était forte, des flux de souvenirs refaisaient surface. J'étais là, debout sur la glace, à caresser la coque de l'*Antarctica*, ce bateau d'expédition dont j'avais tant rêvé. Il existait, c'était bien lui, et c'était bien moi. Que de chemin parcouru, d'obstacles franchis, de bonheurs et de doutes, pour arriver jusque-là. Une fierté mêlée de larmes m'envahit, et je m'éloignai pour savourer cette banquise qui avait tant changé ma vie. Francis vint me rejoindre pour faire une photo. Je déambulais sur mon « champ d'honneur », dans une heureuse insouciance, quand Rick monté dans le nid de pie se mit à hurler :

— Les gars, il y a un ours à deux cents mètres derrière le bateau qui se dirige vers vous !

Depuis la hauteur du pont, personne ne l'avait remarqué. Nous étions partis la fleur à la bouche, et Rick descendit à la hâte de son perchoir, pour venir se poster avec une arme sur le pont, au cas où le carnivore se mettrait à courir vers nous. La présence de cet ours n'avait rien de surprenant dans ce secteur où la banquise s'éternise, alimentée en permanence par les glaces dérivantes de l'océan Arctique. Nous traversions un de ces carrefours migratoires que l'on rencontre dans tous les déserts, parce qu'on y trouve de l'eau, de la nourriture ou un passage praticable. Ici, ces floes poussés par les courants et les vents créent entre les îles sauvages de la côte est des passerelles éphémères qu'empruntent les ours pendant l'été. Comme l'air indispensable aux oiseaux pour voler, les ours ont besoin de cette banquise pour se déplacer d'un archipel à l'autre, pour chasser le phoque, pour prospérer et se reproduire. L'ours et la banquise ont un sort intimement lié, et la fonte de l'une entraînerait la disparition de l'autre.

Nous avons rapidement regagné le navire et le plantigrade a continué son enquête, remontant la truffe à l'air le courant de nos effluves. Il s'arrêta à trente mètres du bateau et resta plusieurs minutes immobile à nous regarder. Dans le cercle de mes jumelles, son visage apparaissait tout entier, et je pouvais lire dans ses yeux noirs malicieux une tendresse que nos craintes réciproques imposaient d'échanger à distance. Que savait-il des hommes, de son unique prédateur ? J'avais du mal à accepter l'idée que cet animal ne fût programmé que pour tuer. Mais la vie dans la nature repose sur la prédation mutuelle, et ne laisse pas de place à l'expression d'une tendresse universelle entre les espèces. Quelle serait alors la frontière entre je t'aime et je te mange ? Insouciant ou audacieux, cet ours avait engagé sa vie pour venir jusqu'à nous. Programmé pour le craindre, j'avais manqué de courage pour aller jusqu'à lui et combler mes attentes.

Nous arrivions au point le plus étroit de la circumnavigation du Spitzberg, un goulet très serré entre le cap est et l'île Barents, baptisé le « trou du serpent » par les chasseurs norvégiens. Trop étroit et trop chahuté par des flux tourbillonnaires — même aujourd'hui les pêcheurs ne s'y hasardent pas souvent. L'eau n'était pas aussi libre de glace que nous l'espérions, ce qui ajoutait à la difficulté. Pourtant, le courant nous y conduisait tout droit, mais, par crainte de s'y faire mordre, nous avons obéi à la sagesse du marin, optant pour la passe au sud de Barentsoya. La manœuvre se fit sans problème et le Storfjord s'ouvrit devant nous comme une vaste mer intérieure. Ici, le Gulf Stream poussait le flot de ses veines d'eaux chaudes les plus septentrionales, et nous allions consacrer quelques semaines à les identifier avant l'hiver.

8. L'étreinte de la banquise

Tout a commencé vers 2 heures du matin par un réveil brutal, quand les premiers blocs sont venus heurter la coque. Il faisait maintenant nuit noire et, dans le faisceau du projecteur de pont, une ligne blanche barrait l'horizon : la glace ! Une panique m'envahit à l'idée que nous étions en train de nous faire piéger par la banquise. En un rien de temps, tout le monde comprit l'urgence de déguerpir. Moteur, guindeau, jamais un départ n'avait été si rapide. En avance lente, le bateau se frayait un chemin dans un labyrinthe de plaques assez serrées. Les premiers milles ne posaient pas trop de problèmes, mais je m'interrogeai avec inquiétude sur l'étendue de la glace que nous avions devant. Nous nous trouvions au milieu du Storfjord, à cinquante milles de la pointe sud du Spitzberg qu'il fallait virer, et le radar ne montrait aucune relâche de la banquise dans un rayon de cinq milles. On n'y voyait rien au-delà du faisceau du projecteur, une centaine de mètres environ, et dans cette fuite aveugle il n'y avait d'autre solution que d'avancer tout droit.

Après deux heures à cogner dans le pack, la situation devint de plus en plus critique. L'écran radar ne montrait toujours aucune issue, tout paraissait homogène, compact, infranchissable. Rick prit l'initiative de grimper en tête de mât pour tenter d'y voir plus loin. Par radio, il demanda qu'on éteigne le projecteur pour s'habituer à l'obscurité. Un long silence s'ensuivit, et je m'inquiétai de la situation.

— Rick tu m'entends ?

— Cinq sur cinq.

— Tu vois quelque chose ?

— Non c'est tout noir. Il caille. Je descends.

Je compris à sa voix sombre qu'il n'y avait pas vraiment d'issue, il n'était pas du genre à se décourager rapidement. Couper les moteurs et attendre, que pouvait-on faire d'autre ? Nous étions piégés dans un champ de vieilles plaques, plus ou moins grandes, dures, épaisses, incassables, formées l'hiver dernier sur l'océan Arctique et emportées par la dérive et le vent. J'avais du mal à accepter ce piège, je ne pouvais pas croire que le vent d'est de ces dernières quarante-huit heures ait pu charrier autant de glace depuis la mer de Barents. Je savais que nous étions un peu limite en saison, qu'il aurait fallu partir plus tôt. Mais qui pouvait penser que tout se jouerait si vite ? Les pêcheurs nous avaient dit que depuis une ou deux décennies, le Storfjord restait le plus souvent navigable jusqu'à la fin octobre. Il n'y avait aucune raison de se presser, d'autant que la température n'était jamais descendue au-dessous de moins deux, ne laissant aucune trace de cristaux à la surface de l'eau. Nous avions programmé de rejoindre le lieu d'hivernage deux ou trois jours plus tard, après une dernière série de mesures océanographiques dans le Storfjord, et cet imprévu venait sérieusement compliquer nos plans. Je me sentais mal, car si rien ne bougeait, nous allions rester bloqués à bord d'un vaisseau à la dérive, sans aucune marge de manœuvre, totalement soumis au jeu des éléments.

J'avais déjà connu cette situation d'incertitude, en mer de Ross en Antarctique, en allant à l'Erebus. Nous avions mis trois semaines pour sortir du piège de la banquise avant de pouvoir atteindre le volcan. Mais, ici, le problème semblait plus sérieux car nous allions vers l'hiver. Les chances de relâchement de la glace devenaient au fil des jours de plus en plus improbables, d'autant que les masses d'air froid apportées par le vent d'est avaient fait chuter la température : il faisait moins six. Impuissant, je préférai aller me reposer. L'inquiétude ronge la patience et il m'en faudrait. Allongé sur ma couchette, je sentais les ondulations périodiques de la banquise qui soulevaient le bateau. À chaque mouvement, à peine perceptible, la glace grinçait sur l'aluminium de la coque, un crissement d'autant plus aigu que l'étreinte se resserrait. Je parvins malgré tout à m'assoupir. Vers midi, le soleil, passé sous l'horizon depuis quelques jours, éclairait encore le ciel de sa lumière blafarde. Un spectacle désolant. La soudure du gel entre les plaques donnait à la banquise des allures de forteresse définitive : nous étions prisonniers. Le déjeuner se passa en discussions, supputations, réflexions... Parler remettait les idées en place et permettait de mieux analyser la situation. La branche la plus septentrionale du Gulf Stream remonte jusqu'au Spitzberg où, en se refroidissant, ses eaux s'alourdissent, plongent, et repartent vers l'équateur en suivant le plancher de l'océan. Cette boucle circulatoire, qui est un élément clé de la machine climatique, est particulièrement active dans ce secteur, ce qui nous donnait quelques raisons d'espérer avant l'installation définitive de l'hiver. C'est précisément pour faire des mesures sur cette formation des eaux profondes que nous étions encore là. Jusqu'à quand ?

Vers 15 heures, il faisait déjà nuit noire. La position donnée par le GPS montrait qu'une très nette dérive de la banquise nous entraînait lentement vers la sortie du Storfjord, ce qui était plutôt rassurant, mais combien de temps mettrions-nous ? Au fond, cette perspective de dérive inattendue ne me déplaisait pas, bien au contraire. Mais le professeur Claude s'était tellement impliqué dans notre programme de mesures, que je me sentais profondément contrarié à l'idée de ne pas pouvoir réaliser mes engagements. Quoi qu'il advienne, le bateau était assez solide pour encaisser les compressions de la glace et nous avions assez de fuel et de vivres pour tenir jusqu'à l'été : nos vies n'étaient pas en danger. Sous ces hautes latitudes, des hommes avaient connu des situations bien pires, à commencer par nos héroïques prédécesseurs. Combien sont morts de froid, de faim et d'abandon sur ces glaces éternelles, coupés du monde, rongés par la certitude que personne ne viendrait les secourir. Combien de journées d'agonie dans l'obscurité glaciale, le ventre serré à chaque craquement du navire, peu à peu écrasé jusqu'à la rupture. Broyé par les mâchoires de la glace, le bois de la coque servait encore à se chauffer, pour gagner des journées de vie, pour tenir, mais combien de temps ? Chaque mort libérait sa part de maigre pitance pour les survivants. On raconte que le froid conduit lentement vers le sommeil éternel, que la mort blanche est une transition progressive vers l'au-delà. Mais il y a toujours une lutte, un refus de la fatalité, un moment de cruelle lucidité, avant de véritablement accepter qu'il n'y a plus d'issue, avant de s'abandonner au vertige des ténèbres. Sûrement le froid précipite-t-il les choses, mais il ne nous épargne pas la conscience de la mort.

Aujourd'hui, à bord de l'*Antarctica*, même si les forces de la banquise nous imposaient de baisser la garde, nous n'étions pas pour autant abandonnés du monde. Nous avions même le téléphone dont l'usage d'ailleurs, dans ce va-et-vient avec le monde civilisé, ne faisait qu'accroître notre sentiment d'impuissance. Actuellement, nous ne sommes plus préparés pour aborder l'impondérable avec fatalité, comme du temps de Nansen ou de Shackleton. Depuis toujours, une aventure doit être maîtrisée, s'inscrire dans un budget, un calendrier, une rentabilité... Tous les commanditaires de tous les siècles ont eu les mêmes exigences, et tous les explorateurs ont craint l'imprédictible. Mais aujourd'hui, ce qui a fondamentalement changé, c'est l'échelle du temps. Tout se comprime, le retour sur l'investissement des sponsors doit être rapide, et notre seuil d'impatience est souvent vite atteint. J'acceptais le jeu de cette nouvelle donne, sinon je n'aurais pas été là, mais je regrettais que ces contraintes m'entraînent à craindre les caprices du temps, alors que j'aurais tant aimé m'abandonner à la force des éléments.

Vers 18 heures, un vent du nord se leva et l'étau se mit lentement à se desserrer. À 20 heures le bateau flottait à nouveau. Son balancement naturel détendait l'atmosphère, et on se remettait à espérer. Moteur, il ne fallait pas mollir, même si le radar ne montrait aucun indice d'amélioration. Sur cette banquise encore très dense, notre progression lente et chaotique ressemblait à ces derniers sursauts qui précèdent l'agonie. Dans la nuit noire, l'homme de barre pouvait difficilement anticiper sa route, et à chaque collision, l'*Antarctica* accusait le coup, les secousses des mâts vibraient dans tout le bateau. Les moteurs à plein régime brassaient beaucoup d'eau, et parfois, les blocs de glace aspirés dans le tunnel des hélices heurtaient la coque à grands fracas. Après deux heures de progression, nous avions péniblement accompli quatre milles vers le sud. Le radar ne donnait toujours pas de signes de relâchement du pack, quand soudain notre progression devint plus facile, plus fluide. À la lumière des projecteurs on vit très bien que la glace avait changé de nature. Nous avancions dans une soupe épaisse en train de se former à la surface de l'eau noire : il faisait moins huit et l'océan commençait à se figer ! La mer encore malléable nous laissait facilement passer, mais à tout moment le durcissement de l'eau pouvait nous échapper, comme celui du plâtre dans la gâcheuse quand on a trop traîné. La croûte de surface avait la transparence opaque du verre sablé, nous étions à cet instant crucial du changement d'état de la matière. Par endroit, les ondulations de la mer morcelaient cette glace pâteuse en petites entités qui s'individualisaient, s'arrondissaient en se frottant l'une contre l'autre. Posées comme des feuilles rondes sur la mer épaisse, elles dansaient avec la houle et se chargeaient d'une couronne de cristaux. On se serait cru dans un champ de nénuphars de toutes les tailles, des tout petits jusqu'aux plus grands de plusieurs mètres de diamètre. Les Anglo-Saxons parlent de « *pan cake* », les Français de champs de crêpes — appellations révélatrices des rêves de douceurs des premiers explorateurs à l'approche du rude hiver. De temps à autre, nous nous heurtions à des étendues de vieille banquise compacte, infranchissables, nous imposant des détours à l'aveugle par des veines de jeune glace. À 10 heures du matin, alors que nous avions fait la moitié de la route vers la sortie du Storfjord, un vent de pessimisme traversa la mâture : on ne passait plus. Nous étions bloqués dans la nasse à une vingtaine de milles du cap sud du Spitzberg. J'étais extrêmement tendu, car tout se jouait là, dans ces heures cruciales, coincés dans le corridor de l'hiver. Si seulement nous pouvions parcourir ces quelques milles, le courant de la mer de Barents nous sortirait d'affaire.

Vers midi, nous n'avions toujours pas bougé d'un mètre. Il faisait beau et froid, le ciel pur dispersait une lumière métallique, glaciale. La mer avait revêtu son épais manteau d'hiver et elle ne semblait plus vouloir en changer. Les éléments s'imposaient, plus forts que tout, et quelque chose me disait qu'à partir de ce moment nous ne pouvions plus rien décider. Prisonnier des glaces, je me sentis soudain à l'abri des exigences du monde, libéré du programme et des engagements que j'avais contractés pour hiverner ici, sur la planète des ours. Abandonnant la lutte, je me pris à aimer la beauté de cette aube éphémère. Surtout ne pas passer à côté du voyage, réaliser que nous étions venus là pour goûter ces instants de sublime beauté, se fondre dans cet art brut, dépouillé, dont la pureté vous entraîne à caresser ce que l'on a de plus tendre en soi. Se laisser aller à sa vraie nature. Tout le reste ne semblait qu'alibi.

Endormi dans la paix de l'hiver, le bateau se remit à bouger aux environs de minuit. Décidément, tout paraissait imprévisible au royaume des glaces. Au dernier point, la dérive nous a poussés sur quelques milles : à cette vitesse nous devrions sans rien faire virer le Spitzberg dans la semaine. Une euphorie raisonnée gagna le bord quand une zone d'eau libre apparut à la périphérie de l'écran radar. C'était à n'y rien comprendre. En fait, au niveau de la mer, même le radar manque d'une vision à grande échelle des mouvements de la banquise, on a l'impression de voir tout l'océan, alors que le rayon d'observation est limité à quelques milles. Il y avait à nouveau de l'espoir : moteur et en avant, il fallait tout essayer pour atteindre cet océan. Je profitai de ce moment de détente pour récupérer un peu de sommeil.

C'est l'odeur du café qui me réveilla au petit

matin. En me voyant sortir de ma cabine, Jean me fit un poing levé en signe de victoire.

— Hourra ! Le cap sud était derrière et nous remontions la côte ouest !

Je n'avais rien entendu de la nuit. Le bateau avançait dans une saumure épaisse, que les spécialistes appellent du nilas. Sur ce versant du Spitzberg nous étions en principe protégés des masses de banquise compacte emmenées par la mer de Barents. Maintenant, quoi qu'il advienne, le Gulf Stream nous ferait remonter vers notre quartier d'hiver.

Le lendemain soir, droit devant sur l'écran radar, l'entrée du Van Mijenfjord se dessinait enfin : une porte entre les rochers qui semblait bien étroite. Les instructions nautiques mentionnaient un courant qui pouvait atteindre quatre à cinq nœuds. Il fallait se présenter à toute allure. Nous avancions à plein régime dans la nuit. À droite, on devinait le faible éclat d'une balise installée sur le rocher d'entrée. Dans le faisceau du projecteur, des blocs de glace tourbillonnaient dans une eau noire agitée. De toute évidence, il y avait du courant, et il nous était contraire. Les deux moteurs à fond, le bateau progressait à quatre nœuds dans ce bouillon que la nuit et le vent rendaient encore plus impressionnant. Le goulet se dessinait parfaitement sur le radar, de plus en plus étroit. Dehors on ne voyait rien, mais quand j'aperçus la pâlotte lumière de la balise sur notre travers, je compris que le plus dur était derrière nous. L'eau devenait plus calme, mais cinq cents mètres après le passage de la « turbine », l'*Antarctica* entra à nouveau dans une gangue de glace de vingt centimètres d'épaisseur. C'était de la jeune banquise formée dans les eaux calmes du fjord. Lisse, compacte, homogène, elle n'avait pas subi le travail de la houle, et le frottement sur la coque était tel que nous progressions péniblement à un nœud à plein régime. Le bateau vibrait dans un vacarme assourdissant. Par moment, il fallait s'y reprendre à deux fois : reculer, prendre de l'élan et lancer l'étrave sur la glace qui s'effondrait sous son poids.

Après cinq heures de lutte, nous entrâmes enfin dans la petite baie de Fridtjof Amna. Il n'y avait même pas à jeter l'ancre, la glace nous immobilisait déjà. Après l'arrêt des moteurs, un silence de plomb s'abattit soudainement sur le navire. Abrutis par tant de lutte, nos visages pouvaient enfin se détendre, et on salua cette arrivée au champagne. Dehors, le voile vert d'une aurore boréale dansait dans la nuit : le long hiver commençait.

9. La longue nuit

Depuis plus d'un mois, la nuit avait tout absorbé. Nous avions adapté les activités du dehors à la périodicité de la lune, le seul astre lumineux. Il en suffisait de peu pour y voir, la moindre virgule de lune irradiait de ses rayons la neige blanche, comme si la lumière venait du sol. Sur le pont, Chinook et Kuka veillaient sur nous, à l'affût du moindre signal. Cette nuit du 2 décembre, alors que tout le monde dormait dans sa cabine, nos chiens aboyèrent à deux reprises. Il leur arrivait souvent de pousser quelques grognements sans raison apparente, mais, pour la première fois, je sentis une certaine insistance. Il se passait peut-être quelque chose dehors. Je connaissais bien ces rudes bâtards, croisés de huskies et de malamutes ; pas le genre à se plaindre du moindre inconfort. Je savais aussi reconnaître les grommellements de leurs rêves, leurs ricanements de plaisir, les sirènes langoureuses des nuits de pleine lune, mais cette fois j'avais bien reconnu un de ces cris d'alerte qu'ils poussaient parfois en Antarctique quand ils se sentaient menacés. Pendant la traversée du pôle Sud, quand le blizzard commençait à engloutir le camp, ils appelaient à l'aide, pour qu'on dégage le câble sur lequel tout l'attelage était attaché. Il fallait alors se lever sans attendre, s'habiller chaudement et sortir dans le froid et le vent pour faire le travail de déblayage avant qu'ils ne s'étouffent sous la neige. Ici, cette question ne se posait pas, car leurs niches perchées sur le pont les mettaient à l'abri des amoncellements. De ce poste d'observation ils étaient censés nous prévenir de la présence des ours à proximité du bateau ; aussi étais-je curieux de savoir s'ils ne faisaient pas tout simplement leur travail d'informateur. Chaudement équipé, je montai à la passerelle et attendis sans bouger dans le noir, afin de m'habituer à l'obscurité. Sentant ma présence, Chinook sortit de sa caisse, grogna en secouant sa queue, puis retourna se blottir dans sa niche. Après dix minutes, rien de nouveau ne s'était produit. Malgré une observation attentive, je ne vis rien, pas l'ombre d'un ours blanc sur la neige, aucune empreinte de plantigrade dans le faisceau du projecteur, qui portait à une cinquantaine de mètres. Que s'était-il donc passé, l'ours se trouvait-il au-delà de mon champ de vision ?

Chinook et Kuka venaient de Longyearbyen où

ils vivaient toujours dehors, été comme hiver, dans l'enclos d'un chenil avec une trentaine de chiens. Même sans une grande expérience de la vie sauvage, leur instinct avait sûrement décelé quelque chose d'anormal pour qu'ils réagissent ainsi tous les deux. Ressentaient-ils l'imminence d'un événement ou avaient-ils tout simplement décidé de nous faire une farce ? Je restai un moment à l'affût du moindre indice et retournai me coucher. Seul le baromètre amorçait une descente prémonitoire, il fallait s'attendre à un rapide changement de temps.

Vers 9 heures du matin nous étions tous les six réunis autour de la table du carré pour le petit déjeuner.

— Tu as vu quelque chose cette nuit ? me demanda Jean qui avait tout entendu.

— J'ai eu le sentiment que les chiens manifestaient une certaine inquiétude, alors je suis sorti, mais je n'ai rien vu.

À ce moment, Rick entra avec un air de contentement.

— Je crois comprendre ce qu'il s'est passé. (S'adressant à moi il ajouta :) Tu n'as pas vu les traces sur le pont ?

— Des traces ! Quelles traces ? Tu as vu des traces d'ours ?

— Non des traces de renard. Il est monté sur le pont par la congère puis il a suivi la filière jusqu'à l'arrière et il a tourné comme une toupie autour de la cuisse de renne. Heureusement que je l'avais accrochée assez haut, sinon il aurait emporté le morceau.

En cherchant l'ours au loin, je n'avais pas remarqué les petites empreintes qui se trouvaient à mes pieds. J'aimais bien cette histoire du renard, cette vie insoupçonnée, intrigante, qui se tramait à notre insu. Nous n'étions pas les seuls à partager les mystères de cette nuit sans fin.

Quelque chose se mit alors à frapper sur l'avant de la coque et Kuka poussa deux aboiements rapprochés. Rick sortit à nouveau d'un air décidé, en emportant sa torche et la carabine. Il revint assez vite en souriant :

— Il y a un ours qui voudrait entrer car le mauvais temps arrive, qu'est-ce qu'on fait ? Blague à part, c'est le bout d'amarrage de l'ancre qui cogne, il est dur, tout gelé, et le vent le secoue comme un battant de cloche. Ça commence à souffler et ça va sûrement monter vite, vous avez vu la chute du baro, le stylet est presque en bas du rouleau !

— Ça promet, dit Jean en se frottant les mains. Voilà une bonne journée sous la couette en perspective.

Les tempêtes sont toujours plus agréables à vivre dans les ports, d'autant qu'avec l'étau de glace qui nous enserrait, il n'y avait aucun risque d'être projeté sur le quai.

À 13 heures, Denis, qui était de journée de cuisine, vint frapper à la porte des cabines pour nous inviter à déjeuner. Le respect de l'heure des repas était la seule rigueur que j'imposais dans cette vie en marge de la civilisation. En l'absence de jour et d'activités diurnes, ce balisage du temps limitait la dérive inévitable des rythmes biologiques, et maintenait un lien social au sein de l'équipe. Denis avait trouvé au fond du congélateur une épaule de phacochère des Chatham, une île située à côté de la Nouvelle-Zélande, où nous avions fait escale en remontant de l'Erebus. Bien qu'elle fût encore comestible, la viande avait un goût assez fort, qui s'accordait d'ailleurs parfaitement à la sauvagerie du moment. La dépression ne nous avait pas attendus pour se mettre à table, et son déchaînement nous imposait de parler fort. Malgré toutes les précautions d'avant la tempête, les drisses claquaient le long du mât. L'anémomètre s'offrait des flirts très inhabituels avec la barre des soixante nœuds. Des rafales nous passaient dessus dans un vacarme interminable, tel un train à vive allure sur un ouvrage métallique. Dehors, Chinook et Kuka attendaient en silence la fin de l'ouragan, aucune bête ne traînait par ce temps de chien. La violence de la tempête s'éternisa jusqu'au lendemain, et, suivant fidèlement la remontée du baromètre, le calme revint avec la même soudaineté qu'il s'en était allé.

Tôt le matin, le ciel avait retrouvé sa transparence noire, insondable, constellée de mille lumières. Les étoiles semblaient plus lumineuses que jamais, comme si la tempête avait nettoyé les ampoules du ciel. Un fond de lune donnait à la neige l'épaisseur irréelle d'une nappe fluorescente, déployée avec rondeur sur les aspérités du sol. Nous étions arrivés là, un jour de pleine nuit, et jamais le décor de l'hiver ne s'était autant révélé. Il faisait moins vingt-huit et, debout dans ma doudoune, je me régalais à en frémir de ce contact intime avec la matière brute. Aucune trace, rien, pas la moindre empreinte, tout semblait à découvrir comme à l'origine des temps. Par moment, la brise du large nous apportait un chuintement d'eau libre en provenance de la passe. La tempête avait dû faire son travail de sape et j'étais curieux de voir dans quel état se trouvait la banquise.

En début d'après-midi, je décidai d'aller y faire un petit tour. La lune avait disparu et il faisait totalement nuit. Skis aux pieds, petit sac de survie au dos, fusil en bandoulière, lampe frontale... on ne s'équipe jamais succinctement sous ces latitudes, même pour la plus courte des balades. Le blizzard avait englouti le bateau jusqu'à la hauteur du pont, et les filières émergeaient de la neige comme la clôture d'un champ qu'il suffisait d'enjamber pour débarquer. Après une demi-heure de marche, ma route s'arrêta, barrée par un précipice noir, sans fond, qui devait plonger à pic sur la mer. Des ténèbres montait le souffle du fracas chargé d'embruns gelés qui me glaçaient le visage et recouvraient la crête d'une poussière de givre. J'éteignis la lampe frontale pour m'habituer à l'obscurité et peu à peu le voile se leva sur le chaos. L'écume des vagues émergeait de la nuit comme des lueurs éphémères. Au pied de la falaise, la houle soulevait d'énormes plaques de glace qui venaient se fracasser sur les rochers dans un grondement de tonnerre. Du grand opéra ! Je restai là, assis, stupéfait, jusqu'à ce que le froid me déloge. Pour ne rien perdre du spectacle, je longeai le bord du précipice avant de redescendre vers le bateau, guidé dans le noir par la lueur des projecteurs de pont. Je me sentais bien. Les forces indomptables de la nature ont toujours eu sur moi un effet cathartique très apaisant.

La neige froide tassée par le vent crissait à chaque pas sous les semelles de mes skis. Il restait quelques centaines de mètres à parcourir quand soudain, sans que je n'y puisse rien, tous mes systèmes de défense se mirent en alerte : des traces d'ours, des empreintes toutes fraîches, l'animal venait de passer ! Dans la panique, je pris la carabine entre les mains, prêt à épauler. Je relevais la tête pour éclairer plus loin dans la direction des pas, mais rien n'apparaissait dans le faisceau de ma lampe. Le fauve devait pourtant être là, tout près, à me regarder dans le noir ! Que faire, tirer en l'air pour l'effrayer, mais quelle direction allait-il prendre ? Je ne voulais pas non plus l'énerver et le faire douter de mes intentions pacifiques — à en juger par la taille et la profondeur des pas dans cette neige dure, il s'agissait d'un adulte au poids conséquent.

Il me revint subitement en mémoire la première fois que j'avais croisé des traces aussi fraîches, en allant au pôle Nord. L'ours ne devait pas être bien loin, caché derrière des blocs de glace, mais surtout je n'étais pas armé. J'avais trouvé le calme dans une communication télépathique avec l'animal, lui demandant humblement le passage sur son royaume. Ici, ma situation n'avait rien à voir, j'avais une arme et un solide refuge à quelques encablures ; la tente du pôle Nord n'aurait pas pesé lourd sous les griffes du carnivore. Cette évocation m'apporta un peu de tranquillité. Je n'avais pas l'intention courageuse de le suivre, mais ses empreintes se dirigeaient vers le bateau : que faire ? Soit je marchais dans ses traces, quitte à le rencontrer — mais je contrôlais ainsi sa position —, soit je m'en écartais pour ne pas le provoquer. Je choisis machinalement de lui emboîter le pas, mais je compris très vite que dans tous les cas j'étais pris au piège ; il pouvait à tout moment surgir de la nuit. À cent mètres de l'*Antarctica*, l'ours avait changé de direction et ses traces disparaissaient dans l'obscurité. La bête n'était pas forcément très loin, mais, à cette distance, j'aurais entendu les chiens, si toutefois ils faisaient leur travail de veille.

Dans une précipitation plus ou moins contrôlée, je me mis à accélérer pour en finir avec la peur : on dit qu'il ne faut jamais courir pour échapper aux fauves, mais j'eus vraiment du mal à suivre la consigne. En arrivant au bateau, l'équipe s'inquiétait car ils savaient qu'un ours errait dans les parages. Alertés à plusieurs reprises par Chinook et Kuka, ils avaient aperçu l'animal dans la lumière du projecteur, une belle bête, un de ces mâles qui rôdent l'hiver. Il était resté un moment à gratter la neige sous la « meat tower », la « tour à viande », un de ces portiques en rondins construits près des cabanes de trappeurs, où ils suspendent le corps des phoques après la chasse. Trois carcasses pendaient, hors d'atteinte, même pour un ours dressé sur ses pattes arrière. Denis me pressa pour savoir si je l'avais vu : raconter l'histoire m'aida à mieux comprendre le trajet du fauve. Curieusement attiré par le bateau, il s'en était subitement écarté, apeuré par les aboiements des chiens. Il s'était ensuite dirigé vers la « meat tower » et, agacé par les projecteurs, il avait disparu à pas lents dans l'obscurité. Je mis quelques jours à gommer cette empreinte blanche des nuits noires de ma mémoire.

En fait, les tempêtes ne nous dérangeaient pas. Elles apportaient leur lot de changements, d'émotions, rompant la monotonie de l'hiver sous l'étoile polaire, invariablement au-dessus de nos têtes, à toutes les heures de la journée. Les aurores boréales nous donnaient de temps en temps des nouvelles du soleil, disparu depuis deux mois. Après chaque éruption, le flux de ses rayons attirés par le pôle magnétique, ionisait l'azur de dentelles fluorescentes, mobiles, fugitives, un spectacle dont on ne se lassait pas. À bord, chacun accomplissait à son rythme des tâches routinières, d'entretien, de mesures, d'écriture... La permanence de ce huis clos forçait à s'occuper de soi, en évitant de faire peser sur les autres ses propres exigences. À l'abri des nouvelles du monde, on se soulageait peu à peu de ses migraines et des conflits éternels qui l'animent, qui chagrinent nos âmes d'une impuissante culpabilité. La purge des forces consommatrices laissait la place à l'émergence de valeurs existentielles. Il n'y avait pas de gourou dans cette retraite, ni la main courante d'une foi religieuse. Tous s'étaient engagés sans alibi, sans garde-fou, simplement sur l'envie de vivre cette aventure et que l'isolement mettait à l'épreuve. L'exil imposait à chacun de faire appel à des ressources personnelles, le plus souvent insoupçonnées. Le respect mutuel qu'exigeait ce microcosme, la permanence de la nuit, la sobriété de la vie dans cette puissante nature, donnaient libre cours à une forme de spiritualité laïque, sensible, ouverte, sans parti-pris. Il faut rompre périodiquement avec la boulimie compulsive du monde, pour retrouver la délicieuse simplicité de l'humain.

La longue nuit

À des années-lumière de la kermesse aux cadeaux, nous n'avions quand même pas échappé au plaisir de fêter la nuit du 25 décembre. Rick, qui avait la main sur tous les rangements du bateau, avait sorti d'une cachette secrète un sapin de Noël en matière plastique et une guirlande de lumières clignotantes. Peu avant minuit, alors que Denis poussait une complainte sur son harmonica, le père Noël apparut à la porte. Parti lourdement chargé du pôle Nord, il était ravi de sa première escale à bord de l'*Antarctica*. Il ne s'arrêta pas très longtemps car il devait servir tous les enfants du monde. En guise de cadeau il nous apporta une bien belle nouvelle : loin là-bas sous l'horizon, le soleil commençait à amorcer son trajet de retour.

10. Le retour du soleil

Demain nous fêterons les « Julienne » et nous aurons quatre minutes de soleil en plus. C'est ce qu'ils annoncent tous les ans, le soir du 15 février, à la fin du divertissement météorologique qui suit la pub après le journal. Le 16 au soir, personne n'aura rien vu de cette rallonge du temps, quatre minutes de soleil en plus, ce n'est vraiment rien, surtout quand le soir et le matin se les partagent. Ce même jour, en revanche, à la latitude 77°40' N, le soleil est apparu pendant quatre minutes, ce qui change tout dans la vie des hommes du Grand Nord.

Pour la première fois, le cercle tout entier a émergé de l'horizon. L'astre s'est levé lentement et, debout sur la pointe des pieds, il a lancé son regard au-dessus du rideau de la nuit. Le relief des montagnes s'est embrasé dans l'aube pourpre et l'austère glacier qui dominait le bateau s'est mis à serpenter jusqu'à la mer comme une coulée d'argent. Pendant ces quatre petites minutes, le soleil fut à lui seul toute notre vie, et on ne l'a pas lâché tout au long de sa courte parabole. Sa chaleur, à peine perceptible, fut une éphémère résurrection après quatre mois de nuit. Il eût été sacrilège d'en priver d'une seule seconde nos sens assoiffés.

Après sa disparition, nous nous sommes tous retrouvés dans le carré du bateau, excités et tout hébétés ; le soleil avait touché nos hypophyses. En s'immisçant dans notre microcosme, il venait de rompre la routine autarcique du bord, il reprenait le tempo. En nous donnant la lumière, il appelait nos vies vers le grand dehors. Nous refaisions partie du monde.

Une demi-heure après que le soleil eut quitté l'horizon, il faisait encore clair, quand le silence fut troublé par le bruit de moteur de scooters des neiges. On entendit longtemps le bourdonnement des machines avant qu'ils ne débouchent à la pointe du cap, de l'autre côté de la baie où nous hivernions. Où allaient donc ces deux hommes dans la froidure extrême à cette heure tardive du jour ? Ils contournaient la baie en longeant la côte puis se dirigèrent vers nous. Cette trajectoire prudente sur la terre ferme était la signature de gens qui connaissent bien le coin.

Le premier des deux, coiffé d'un bonnet lapon et d'une cape en laine épaisse, ne semblait pas craindre le froid. Il descendit de la selle de son scooter, avec la prestance d'un cow-boy. Sur son visage violacé, ses grosses moustaches de morse dégoulinaient de stalactites de glace qu'il n'arrêtait pas de lécher. Il y avait quelque chose de gaulois chez cet homme qui se présenta à nous avec un large sourire.

— Bonjour, je m'appelle Bjorn, et mon compagnon c'est Utwig. Nous sommes montés ce matin de Longyearbyen sur le sommet tout là-haut, pour le premier soleil. On a vraiment été gâté. Alors comme le temps était stable on a décidé de venir vous voir.

— Soyez les bienvenus !

Utwig, silencieux, mit du temps pour descendre de sa machine. Il bougeait lentement, comme figé par le froid. Il faisait moins trente et un. En ôtant sa cagoule, on comprit qu'il n'y avait pas que le froid qui raidissait ce grand corps sec. Son visage ridé et sa barbe blanche révélaient ses soixante-dix printemps. Il n'était plus tout jeune pour se lancer sur cette longue route en hiver, mais il avançait en toute confiance dans le sillage de ce lapon extraverti. Très méridional, loquace, Bjorn occupait tout l'espace dans un anglais très approximatif. Le soleil semblait l'avoir électrisé. Assis en bout de table, Utwig ne parlait pas. Calme et très paisible, il communiquait par des sourires timides. Quand la chaleur du bord eut assoupli les haubans de ses rides, son visage détendu nous apparut plus jeune. On crut d'abord qu'il ne comprenait rien à la discussion, jusqu'à ce qu'il se mette à nous parler très discrètement de lui :

— J'ai soixante-douze ans, et il y a huit ans que je vis au Spitzberg. Avant ça, j'ai beaucoup navigué sur un petit bateau à voile, mais nous en parlerons une autre fois, on aura l'occasion de se revoir.

Le temps tournait, le vin coulait, la nuit avait repris ses droits et l'heure n'avait plus de prise, quand Bjorn s'adressa à son compère en norvégien. Utwig fit un léger signe de tête pour signifier qu'il était d'accord.

— Vous n'allez pas partir maintenant ? s'inquiéta Denis.

Il fallait au moins trois heures pour rentrer sur Longyearbyen dans la nuit et le froid hivernal.

— Non, dit Bjorn, ne vous en faites pas, nous allons passer la nuit à la cabane à côté, et nous rentrerons demain. Tout est organisé, c'est ce que nous avions prévu.

Il marqua une pause et se tourna vers moi en souriant :

— Pour être honnête, on s'était dit avec Utwig que si les Français nous accueillaient bien, on irait dormir à la cabane, et sinon on rentrerait tout de suite, ajouta-t-il dans un éclat de rire.

— Vous ne voulez pas dormir à bord ? Nous avons des couchettes libres.

— Non merci, nous avons tout ce qu'il faut sur le traîneau. Un bon feu, une soupe chaude, un petit coup de gnôle et on dormira comme deux ours. Hein qu'on aime bien cette vie ! dit-il en prenant Utwig à témoin.

Le vieil homme n'avait pas le choix. À deux cents mètres du bateau, il y avait sur la presqu'île qui fermait la baie, une cabane construite au bord de l'eau avec des bois flottés, un refuge très rustique et bien aménagé.

— Elle appartient à Luis, un trappeur de Tromsoe que je connais, dit Bjorn. Ici, au Spitzberg, les cabanes comme celle-là sont toujours ouvertes et tu peux t'y réfugier quand tu veux, à condition de refaire le stock de petit bois et de ne pas laisser traîner ta nourriture. (Et il ajouta en se retournant vers tout le monde :) La nourriture est le pire ennemi des cabanes, car si un ours la renifle, il peut s'acharner sur la porte et sur les murs jusqu'à tout détruire.

Utwig, qui s'était habillé chaudement, se retourna vers Bjorn qui continuait sa conférence :

— Alors, on y va ?

— Ok, mon ami, tout de suite.

Dehors, le ciel était constellé d'étoiles et il faisait un froid glacial.

— À demain, on repassera vous voir avant de partir.

— Salut ! À demain.

Denis, assis à côté d'Utwig, avait pu discuter avec lui, plus intimement, en marge du brouhaha, et il en savait davantage sur ses intentions. Le vieux norvégien projetait depuis longtemps de passer le printemps ici, en solitaire, dans cette cabane que Luis lui avait prêtée. Mais il n'avait pas prévu que nous viendrions hiverner à deux cents mètres de lui, aussi était-il impatient de nous connaître.

Le lendemain matin vers 11 heures, alors que le ciel commençait à s'éclaircir, nos deux compères vinrent boire un bon café chaud avant de prendre la route.

— On ne va pas traîner, déclara Bjorn, on voudrait être sorti de la Vallée des Rennes quand le soleil va se lever.

Et ils disparurent dans la fumée de leurs machines.

Au début du mois de mars, la durée du jour avait considérablement rallongé. En quinze jours, le temps d'ensoleillement était passé de zéro à huit heures. Protégés par un anticyclone bien stable, nous avions traversé une longue période de beau temps, et Utwig n'était toujours pas revenu. Il semblait avoir apprécié notre compagnie, mais notre présence, si près de lui, devait le déranger, et il avait certainement changé ses plans.

Au Spitzberg, le deuxième dimanche de mars sonne le départ des grandes virées à scooter à travers le pays. En fin de matinée, une armée de bolides, tous phares allumés, apparut sur la ligne de crête de l'autre côté de la baie. On aurait cru une opération commando qui se dirigeait vers nous. Dans un bruit assourdissant de départ de formule un, ils passèrent groupés à une cinquantaine de mètres du bateau, certains faisant un signe de la main en guise de salut. Arrivés au bout de la presqu'île, ils rangèrent méthodiquement leurs véhicules à côté de la cabane. Les regards tournés vers la meute, nous n'avions pas remarqué que l'un d'eux s'était détaché du groupe pour venir vers le bateau. C'était Bjorn.

— Bonjour, comment ça va depuis la dernière fois ? demanda-t-il, toujours aussi souriant.

— Très bien. Vous êtes venus en force aujourd'hui.

— Oui, et tout le monde est très excité pour cette première sortie ! Nous allons faire quelques transformations à la cabane, et comme il fait beau tous les amis sont venus. Je repasserai plus tard.

Nous étions en train de déjeuner quand la meute a relancé ses chevaux dans un vacarme qui résonna dans la coque du bateau.

— Je te parie qu'ils font un départ en ligne, lança Rick, grand amateur de circuit, en sortant sur le pont.

Il revint en dévalant les marches du carré.

— Venez voir, vous n'allez pas me croire. Ils avancent vers nous, tous groupés, serrés les uns contre les autres, et devinez quoi : ils remorquent la cabane !

Jamais nous n'aurions pu imaginer cela. Derrière le nuage des échappements, la cabane changeait d'adresse. Malgré le poids de l'édifice, le déplacement se faisait avec une étonnante facilité. La construction reposait sur deux gros troncs bien spatulés qui glissaient comme une luge sur la glace. Nous étions abasourdis par ce spectacle, touchés par l'excitation obscène de ces voleurs de cabane sur leurs scooters en furie. Impuissants, nous regardions s'éloigner le refuge où nous allions quelques fois pour une retraite, en vacances de la vie du bord. Dans le paysage familier, son absence était maintenant une plaie béante. En volant la cabane, ils avaient vidé la presqu'île de sa présence rassurante. Seule restait la « meat tower », le sinistre portique sous lequel pendaient les cadavres de phoques.

En peu de temps, la meute vrombissante avait sans peine contourné le fond de la baie, et se dirigeait vers le cap, de l'autre côté du bras de mer. Parfois, ils s'arrêtaient, se regroupaient — sûrement pour s'accorder sur la manœuvre — et repartaient dans un bruit de fond assourdi par la neige. On peut dire qu'ils ne manquaient pas d'audace. Ils avançaient en crabe, en tirant légèrement vers le haut pour retenir la cabane qui de temps en temps partait en glissade vers la mer. Arrivés enfin au bout de la pointe, les motards amorcèrent un large virage avant de s'immobiliser. C'était donc là que la cabane allait commencer sa nouvelle vie. On ne comprenait pas très bien les raisons de cette grande manœuvre. On se doutait avec un certain embarras que notre présence ici devait les déranger. Peut-être en saurait-on un jour davantage.

Le lendemain matin, alors que nous chargions les remorques de nos motoneiges, Bjorn revint nous voir en compagnie d'un homme que nous ne connaissions pas.

— Vous partez ?

— Nous allons demain faire une virée océanographique de quelques jours dans le Storfjord.

— Je vous présente Luis, un sacré trappeur, c'est à lui qu'appartient la cabane.

— Désolé pour tout ce bruit et cette pollution, dit Luis avec un réel embarras, mais j'avais prévu de déménager la cabane cette année.

L'homme ne payait pas de mine : frêle corpulence, visage ingrat, osseux, derrière des lunettes épaisses. Il parlait d'une voix à peine perceptible.

— Il faut que je vous explique. La presqu'île s'érode tous les ans à cause du fort courant qu'il y a dans la passe, alors je préfère sauver ma cabane avant qu'elle ne passe à l'eau. Cette bande de terre s'est formée au début du siècle, quand le glacier au-dessus de nous a surgé. C'est pour ça qu'elle n'est pas stable et elle finira un jour par disparaître.

— Qu'est-ce que tu veux dire par *surger* ?

Luis se concentra pour trouver ses mots, et il se lança dans une explication :

— Tous les glaciers avancent régulièrement, jusqu'à un mètre par jour en été. Mais il arrive aussi, peut-être une fois par siècle, que toute la masse du glacier se décroche et avance brutalement. Dans ce cas, le front du glacier pousse comme un bulldozer la terre et les pierres qu'il charrie devant lui. Et, au fil des ans, en se retirant progressivement, la bande de terre qu'il a poussée devient une véritable digue. C'est comme ça que s'est formée cette langue de terre. Si vous allez dans le Storfjord, vous verrez le Nergribreen, il a surgé en 1935, le front du glacier s'est avancé de douze kilomètres dans l'année, c'est une réalité !

Luis était convaincant, et son explication nous soulageait de toutes nos fausses pensées.

— Utwig doit quand même venir passer le printemps ici ? s'inquiéta Denis qui avait bien sympathisé avec lui.

— Oui, répondit Bjorn, je vais justement le chercher demain à Longyearbyen.

Une semaine plus tard, en rentrant de notre périple sur la côte est, nous nous sommes arrêtés à la cabane. Au même moment, Utwig sortait en souriant sur le pas de la porte, équipé de la tête aux pieds de sa tenue de motoneige.

— Je vais faire un tour de l'autre côté du fjord, voir s'il n'y a pas quelques traces d'ours dans le Bellsund, nous dit-il. La glace se fracture bien plus tôt là-bas, et les ours commencent leur saison de chasse au phoque dans le secteur. Revenez demain si vous voulez.

Le lendemain je partis assez tôt pour lui rendre visite. Je voulais en savoir davantage sur la vie de ce vieil aventurier. Il m'accueillit avec un large sourire. Dans la cabane, la douce chaleur du poêle à bois contrastait avec la froidure ventée de cette grise journee. Tout était bien rangé, sa compagnie agréable, calme, apaisante. On but une tasse de café, un de ces chauds diurétiques que l'on peut siroter sans énervement toute la journée. Au mur, Utwig avait épinglé une photo ancienne, un bateau au mouillage sous les chaudes latitudes. Un homme torse nu lisait le journal sur le pont.

— C'est moi, précisa-t-il un peu gêné. Il y a longtemps. C'était aux îles Cook.

— C'est ton bateau ?

— Oui, un petit bateau norvégien en bois, avec lequel j'ai navigué pendant cinq ans autour du monde. Avec une photo je peux refaire le voyage pendant des heures. Je la prends souvent avec moi, elle me rappelle quelques bons moments. Un détail suffit à me replonger dans l'ambiance, j'arrive même à ressentir la chaleur du soleil, les mouvements du bateau au mouillage, à sentir le tiaré et l'huile de coco, dit-il en souriant.

— Tu regrettes ce temps ?

— Non, car j'en ai pleinement profité, mais

aujourd'hui, à soixante-douze ans, j'éprouve du plaisir à revivre ces instants. Ça sert à cela les souvenirs.

La nostalgie est cette tristesse doucereuse nourrie par la mémoire du bon temps, passé à l'estompe des ans.

Utwig était un contemplatif anxieux. Il n'avait pas grand-chose à faire de la journée, sauf avec lui-même, ce qui l'occupait totalement. Au bout d'une heure je compris que ma présence le fatiguait, lui demandait trop d'attention. Notre complicité naissante ne suffisait pas à combler les silences. Il était temps de partir, mais je tenais à ce qu'il m'éclaire sur une question qui me chiffonnait :

— C'est à cause de nous que vous avez déménagé la cabane ?

— Non, c'est Luis qui avait cette idée en tête. Un chercheur de l'université lui a dit que le glacier entrait dans une période critique et qu'il pouvait surger à tout moment. Alors il a ameuté tout le monde.

— Tu es satisfait de ton nouveau décor ?

— J'aimais bien l'autre emplacement... Reviens dans une semaine, j'ai besoin d'un peu de temps pour prendre mes marques.

Le 4 avril au matin, le printemps s'installait avec beaucoup d'éclat et je fuguai en fin de matinée pour aller aux nouvelles d'Utwig. De toute évidence, ma visite le dérangeait. Il me fit signe d'entrer rapidement et de garder le silence. Je ressentis avec beaucoup d'embarras mon irruption brutale dans l'intimité de sa vie.

— Assieds-toi sur le tabouret, et ne bouge pas, me dit-il à voix basse.

Utwig regardait dehors par la petite fenêtre ouverte à la hauteur de son visage. Très concentré, il semblait insensible aux bouffées d'air glacial en provenance du fjord. Je me doutai qu'un animal devait rôder dans le coin, et que mon arrivée l'avait fait fuir. Après deux minutes de silence, et sans la moindre alerte, une grosse tête blanche apparut à la fenêtre : un ours ! Dressé sur ses pattes arrière, le redoutable carnivore était là, derrière le mur, ses griffes puissantes accrochées au cadre de l'ouverture. Pétrifié d'étonnement et d'excitation, j'avais du mal à rester calme. Utwig ne bougeait pas d'un pouce, sa tête à la hauteur de celle du fauve. De sa truffe noire, l'animal dessinait des ronds et des huit à la barbe blanche du vieux sage. Ses yeux malicieux, attendrissants, en disaient long sur ses intentions gourmandes. À cet instant sublime, Utwig approcha lentement une cuillère de confiture en marmonnant des mots tendres. L'ours inclina la tête, sortit sa langue et lécha calmement avec une infinie délicatesse. Mon cœur cognait dans la poitrine. Utwig regardait la bête avec tendresse, un regard qui vient de l'âme, de cette part de l'être qui abrite la pureté des sentiments, qui ne trompe pas. L'ours le sentait bien. Il lui servit une deuxième cuillère en disant quelques mots en norvégien que l'animal comprit. Puis il disparut et Utwig referma la fenêtre.

Le soleil brillait dans la cabane silencieuse. Le vieil homme était ailleurs, les yeux illuminés, touché par la grâce d'un bonheur innocent. Il venait de réveiller l'enfant blotti au fond de son corps enraidi.

11. À la recherche des eaux profondes

Nous partions sur la côte est, en motoneiges, à la recherche des eaux profondes de l'océan, quand le mauvais temps nous surprit en cours de route. Au prix d'un engagement extrême, Rick réussit une belle navigation, pour nous conduire jusqu'à la cabane du Storfjord. Par beau temps, malgré le chargement que nous tirions derrière nos scooters, trois heures auraient suffi pour traverser le Spitzberg à cette latitude. Nous en avions mis huit sur ce parcours épuisant et très engagé, surtout dans sa partie montagneuse. Cela aurait pu tourner au drame. Même avec une bonne visibilité, le col qui donne accès à la côte est n'est pas facile à repérer sur ce versant en pente douce. Rick et Denis, qui avaient plusieurs fois fait le chemin pour entreposer du matériel dans le Storfjord, l'avaient balisé avec des fanions rouges fluorescents. Mais aujourd'hui, fondus entre neige et blizzard, rien n'était repérable, ni le sol ni le ciel. On n'y voyait absolument rien. Nos quatre motoneiges devaient rester au contact pour ne pas se perdre. Une conduite éprouvante, à la poursuite d'une vague forme suspendue dans le brouillard devant soi. Rick, qui menait le convoi dans la tempête, s'arrêtait souvent pour faire un point. Seul le GPS permettait cette navigation à l'aveugle, dans les limites de la précision de la carte. Il ne fallait surtout pas se tromper, une erreur de cinquante mètres de part et d'autre du passage conduisait inévitablement au précipice. Rick s'arrêta une nouvelle fois et vint vers moi à l'arrière de la caravane.

— On n'est plus très loin du col, cria-t-il dans les hurlements du vent. Je vais sortir la corde et explorer vers l'avant.

Il avait à peine fait quelques pas que sa silhouette disparut subitement. À cet instant j'eus le terrible sentiment que nous avions dépassé les limites de la prudence. La corde s'arrêta de filer sans se tendre. Denis s'approcha du bord en s'y agripppant. La corniche était effondrée. En descendant de quelques mètres, il aperçut Rick une dizaine de mètres au-dessous.

— Rick ! Rick ! Ça va ?

— Oui, c'est bon. Nous sommes bien au col, je viens de retrouver une balise.

Ouf ! Nous étions rassurés, il suffisait de dégager les accumulations de neige pour passer. Rick, soulagé d'avoir trouvé la clé du passage, nous donna la consigne avant de s'engager dans le couloir :

— C'est assez vertical, mais il n'y aura aucun problème si vous restez droit dans l'axe.

On le suivit dans cette plongée périlleuse avec nos machines, poussées par des traîneaux lourdement chargés. En bas, sur le glacier qui conduisait à la mer, le vent ne soufflait plus, mais le brouillard maintenait la pression sur cette partie du chemin entravée de crevasses. Peu avant la nuit, la cabane apparut enfin, comme un phare dans la brume à l'entrée du port ! Nous étions épuisés. Allumer le feu, faire fondre la neige, avaler une ventrée de « Bolino », tout se fit rapidement et chacun trouva un coin pour installer son sac de couchage.

Au petit matin, ça ronflait encore quand je me suis levé pour impulser le mouvement. S'extraire de la chaleur de la nuit est toujours le moment le plus pénible, d'autant que nos huit corps entassés dans ce petit abri n'avaient pas réchauffé la température : il faisait moins vingt-deux. À travers le givre qui tapissait la vitre, l'aube éclairait notre misère d'une lumière grise : des gamelles sales, des sachets de soupe instantanée éventrés, des mégots écrasés dans les peaux d'orange, quelques bouteilles de bière vides, un fond de pâtes à la sauce tomate gelé dans une casserole noircie par la fumée du poêle... Sans parler de l'odeur, qu'on ne remarque d'ailleurs plus quand on y participe.

Je débutai la journée par le classique rituel du voyageur polaire : regarder le temps qu'il fait, pisser, et remplir une marmite de neige pour faire chauffer l'eau du café. Dehors, l'air glacial, immobile, pesait sur les épaules ; même à très basse température, l'humidité épaisse de la mer se ressent à travers la banquise. Le ciel, sombre comme une tôle d'acier, ne laissait rien augurer de bon pour la journée. Je commençais à peine à soulager ma vessie, quand un ours apparut d'un pas lent, à une dizaine de mètres à l'angle du cabanon. Son entrée dans le décor parut tellement irréelle, que mon esprit encore engourdi n'envoya aucun message d'alerte. Comme dans un conte, je jouissais en toute innocence de la présence rapprochée du fauve, sans interrompre ma miction. Question de territoire ou non, il tendit sa truffe dans ma direction et marqua une pause. À ce moment, Francis sortit pour satisfaire les mêmes besoins. Affairé à trouver l'accès à travers ses trois couches de braguette, il n'avait rien remarqué.

— Tu as vu notre visiteur sur la droite ?

— Nom de Dieu !

Il rentra rapidement dans la maison pour en ressurgir aussitôt avec son appareil — réflexe de photographe oblige.

Dans la cabane, l'information était passée, et le plancher en bois résonnait sous le grondement sourd des chaussures. Devant un tel remue-ménage, l'ours prit ses distances en emportant une pelle à neige dans sa gueule, et il se mit à nous faire le spectacle. En posant la patte sur la tôle en aluminium, le manche se redressait, ce qui l'amusait beaucoup. En donnant un coup plus fort, la pelle volait en l'air ce qui semblait lui plaire davantage, jusqu'à ce qu'il s'assène un violent coup de manche sur le crâne. Furibond, il saisit l'outil dans sa gueule et, pour passer sa colère, commença à le secouer dans tous les sens. Il finit par s'arrêter. Pour être tranquille, Denis tira deux balles en l'air et l'animal disparut. Les empreintes profondes de ses crocs incrustés dans le bois du manche signaient la puissance redoutable de la mâchoire du carnassier.

Après deux heures de préparatifs, la caravane des quatre motoneiges sillonnait la banquise du Storfjord à la recherche du bon spot choisi par le professeur Claude qui nous avait rejoints spécialement pour ces mesures. Il s'agissait d'arriver à la verticale d'une dépression de cent vingt mètres sur le fond de la mer où devaient s'accumuler les eaux les plus denses. C'était un chaos très serré de murailles de glace, de fractures, de plaques fragiles, nous obligeant par moment à nous frayer un passage à la pioche et à la barre à mine pour sortir des culs-de-sac du labyrinthe. Nous naviguions à la carte marine et au GPS gardé bien au chaud dans une poche de poitrine. Après deux heures de navigation périlleuse, nous parvînmes enfin sur le site, à l'endroit même où nous avions failli nous faire enfermer par la banquise vers la fin du mois d'octobre.

Le professeur Claude choisit l'emplacement du trou, et Denis se mit à découper la glace à la tronçonneuse. La lame était trop courte pour arriver jusqu'à la mer, et il fallut la débiter en plusieurs blocs. À la deuxième découpe, l'eau jaillit dans le trait de scie. La banquise faisait presque un mètre d'épaisseur. Après avoir dégagé les blocs de glace qui flottaient à la surface, on posa un trépied pour suspendre une poulie à la verticale du trou. La manœuvre pouvait commencer. Il était temps de s'activer car, sans bouger, on se refroidissait très vite. Dominique sortit la sonde de précision de son coffret qu'il avait climatisée avec des bouillottes d'eau chaude. Elle était calibrée pour fonctionner jusqu'à la température de congélation de l'eau de mer, proche de moins deux à cause du sel, mais pas pour supporter les moins vingt-sept de l'air ambiant. On envoya sans traîner la sonde dans le trou noir en comptant les repères placés tous les dix mètres sur la corde.

Au dixième, Dominique fit signe de ralentir la descente et posa méticuleusement son gant de pêcheur norvégien sur le câble pour tester la tension. Il ne voulait pas que les capteurs de sa sonde s'enfoncent dans la vase sédimentaire. À l'instant où la corde se détendit Dominique cria un « Stop ! » à faire peur aux ours. Il se retourna vers les hommes du treuil et ordonna de sa voix basse à peine perceptible :

— Vous pouvez remonter maintenant.

Quand la sonde émergea, il remit son « bébé » bien au chaud. Le professeur Claude semblait satisfait ; restait à savoir si l'enregistrement automatique des mesures avait bien fonctionné. Après l'océanographie physique, ce fut le tour de la biologie marine — le même exercice, mais avec un filet à plancton à la place de la bathysonde. Cette fois Lars entrait en action. Il avait disposé sur la banquise des bouteilles vides, pour collecter les copépodes et autres animalcules qu'il allait prendre dans son filet. Au-delà de toutes ses espérances, il remplit une dizaine de fioles, arguant avec un large sourire que la récolte était bonne, une abondance de vie insoupçonnée sous ce bouclier de glace étanche à la lumière. Nous n'étions pas mécontents quand nos deux savants déclarèrent avec satisfaction que la journée était pour eux terminée, et que nous pouvions rentrer. La science sous ces latitudes est une raison honorable de souffrir ou de pleurer dans sa barbe sous les douleurs pulsatives de l'onglée. Marc et Bernard pouvaient aussi souffler et remettre leurs gants : nos deux compagnons silencieux tournaient une série de documentaires sur l'environnement polaire. En revenant sur nos traces, le retour au gîte ne prit qu'une trentaine de minutes.

En arrivant à la cabane, nous eûmes la surprise de voir qu'en notre absence un ours avait fait ses propres recherches dans nos réserves de matériel entreposées à l'extérieur. Tout était dispersé, heureusement sans trop de dégât, à part deux bidons d'huile de moteur transpercés de ses crocs. Par chance, le goût et la viscosité de cette graisse de synthèse ne lui avaient pas convenu. Avec son appétit de fin d'hiver, il aurait certainement avalé toute la caisse.

Ce soir-là, la vie dans la cabane s'apparentait à ces images anciennes rapportées par les pionniers de l'aventure polaire, celle d'un groupe d'hommes isolés du monde, réunis en amitié par les liens d'une dure journée. Le poêle à bois chauffait bien et nos affaires personnelles séchaient lentement sur le grillage et les fils tendus au plafond. Certains se reposaient sur leur couchette de fortune, alors que les chercheurs se penchaient sur les résultats du jour. Nous étions en plein paradoxe : à la lumière de la bougie, le professeur Claude déchargeait le contenu de sa sonde électronique sur son ordinateur portable.

— Ça a marché ! déclara-t-il très satisfait.

L'écran afficha la courbe de la température et de la salinité de l'eau traversée par le capteur sousmarin.

— Il y a une nette évolution par rapport à la mesure d'octobre, dit-il en se penchant sur son écran. On voit une diminution des entrées « chaudes » du Gulf Stream, et une accumulation d'eaux froides et très salées sur le fond.

Le professeur était content, mais, honnêtement, personne ne voyait quelque chose de spectaculaire, de compréhensible, d'excitant, qui justifiait cette grande manœuvre dans le Storfjord. Rick eut une question un peu sarcastique :

— Qu'est-ce que je vais dire à ma fille quand elle va me demander ce qu'on est venu chercher dans ce trou ?

Le professeur Claude comprit alors qu'il fallait davantage nous intéresser au pourquoi de la manip. Il se retourna et s'exclama d'un ton chaleureux :

— Ça va prendre un peu de temps, mais je vais vous expliquer.

Il se lança dans une explication très didactique.

— Le moteur de la machine climatique c'est le soleil. Il crée un déséquilibre thermique entre la chaleur des tropiques et le froid des pôles, un déséquilibre que la nature va compenser avec ses deux fluides de refroidissement, l'air et l'eau.

— Jusque-là c'est clair, dit Francis.

— Bien, je continue. L'atmosphère et les océans se partagent, à parts égales, le transport des excédents d'énergie de l'équateur vers le déficit polaire. Ces deux fluides assurent donc le maintien de l'équilibre climatique, mais ils le font à des échelles de temps différentes. L'atmosphère n'a pas une grande capacité de stockage mais sa circulation est rapide, responsable des variations météorologiques hebdomadaires. L'océan, en revanche, a une grande capacité de réserve d'énergie, mille fois plus importante que l'atmosphère, mais il circule lentement, ce qui en fait le modérateur climatique de la planète sur de longues périodes.

Enfin, tout s'éclairait. Denis, mécanicien et chauffagiste de son état, fit tout de suite le parallèle avec son métier.

— C'est toute la différence qui existe entre le chauffage à air chaud, et le chauffage central par circulation d'eau chaude dans les radiateurs. Autant le premier est rapide mais éphémère, autant le second est plus lent mais beaucoup plus stable sur la durée.

— Exactement, dit le professeur tout à fait ravi de cette image.

Mis en confiance, Denis osa sur-le-champ une question tout aussi professionnelle.

— Peut-on dire qu'au Spitzberg, nous sommes au bout de l'échangeur thermique ?

— Exactement, répéta le spécialiste de l'océan Arctique, très satisfait de son élève. Vous avez tous constaté en vous baignant, poursuivit-il, que l'eau de surface est toujours plus chaude. C'est parce qu'elle reçoit le soleil, mais c'est aussi parce qu'elle est plus légère que l'eau froide. Eh bien, ici, nous sommes à l'endroit où les eaux « chaudes » de surface, qui remontent de l'océan Atlantique par le courant du Gulf Stream, entrent en contact avec le froid arctique. En se refroidissant, elles s'alourdissent, coulent, et repartent pour un long voyage sur le plancher de l'océan. Les eaux qui plongent ici ressortiront dans très longtemps au milieu de l'océan Indien et du Pacifique sud. Là, elles se réchaufferont à nouveau, traverseront l'océan Atlantique, et seront ramenées une nouvelle fois ici par le Gulf Stream. La stabilité du climat repose sur cette gigantesque circulation entre les trois océans du monde, un voyage au long cours de près de mille ans !

Formidable. Nous venions de comprendre la machine climatique, dans cette cabane devenue pour un temps l'école du bout du monde. Sorti de l'univers étroit de ses millimesures, le professeur Claude se révélait un passionnant conteur d'histoires naturelles. La pédagogie devenait l'occasion d'un partage et il était intarissable.

— Denis disait justement tout à l'heure, que nous étions au bout de l'échangeur thermique, sachez qu'il s'agit là d'un échangeur géant : 70 pour cent de la masse océanique transite ici entre le Spitzberg et le Groenland, et la plongée vers les eaux froides est une cataracte sous-marine monumentale, deux cents kilomètres de large, deux mille mètres de haut, vingt-cinq fois le débit de l'Amazone !

Il y eut un silence, puis Bernard, l'ingénieur du son, qui n'avait rien perdu des explications à travers ses écouteurs, posa une question.

— Je comprends que les eaux profondes sont plus froides, mais pourquoi sont-elles plus salées ?

— Ça c'est un autre phénomène, tout aussi important d'ailleurs pour la circulation océanique. La banquise est une machine à faire du sel. Quand la mer gèle, l'eau se transforme en glace et ses cristaux sodés se concentrent dans des petites poches. Ces bulles de sel traversent petit à petit l'épaisseur de la banquise, et passent dans l'océan, augmentant ainsi sa salinité.

Le professeur s'arrêta pour s'assurer que nous suivions bien : personne n'en perdait une.

— Et là, messieurs, nous touchons le deuxième moteur de la circulation des océans : la salinité. Pourquoi ? Car la mer trop salée a soif, elle a soif d'eaux plus douces qu'elle va appeler pour rétablir son équilibre, créant ainsi de nouveaux courants. Ce phénomène d'hypersalinité se retrouve aussi dans les mers chaudes, en Méditerranée par exemple, et sous les tropiques, où l'évaporation de l'eau sous la chaleur du soleil augmente la concentration du sel.

Ça suffisait maintenant, il ne fallait pas davantage d'explications pour ne pas brouiller les choses simples bien comprises. Merci, monsieur le professeur. Racontés ainsi, ces phénomènes complexes devenaient accessibles, exaltants même, et nous décidâmes d'ouvrir une bouteille pour fêter cette journée de réconciliation avec la science.

Tout en tenant son verre, le professeur Claude semblait encore absorbé par ses pensées explicatives, il n'avait pas encore décroché de ce travail de simplification qui lui avait demandé un certain effort. Et il en remit une petite couche pour son propre plaisir :

— En conclusion, vous devez retenir que les courants océaniques ne sont pas que le fait des vents à la surface de l'eau, mais que l'océan a ses propres moteurs, à travers cette tendance naturelle à rétablir l'équilibre entre les températures et les salinités. C'est ce que l'on appelle la circulation thermo-hyaline des océans.

— Ça c'est un mot de trop, monsieur le Professeur ! Restons simple, pas de mots grecs entre nous, déclara Rick pour en finir gentiment.

Nos yeux brillaient à la lumière de la bougie. Les visages cuivrés avaient pris le froid, le soleil et le vent, ce vent du large qui isole du monde, qui donne au présent toute sa force et cette certitude apaisante d'être pleinement au cœur de sa vie. Nous vivions le rêve des explorateurs à la découverte de la Terre.

12. Luis, le dernier trappeur

Il tournait autour de moi, volant d'un rocher à l'autre, s'attardant sur des étendues de pierres découvertes par la fonte des neiges. Tout blanc avec une tache rouge autour des yeux, c'était un mâle sans aucun doute. En ces premiers jours de mai, la femelle se plume déjà de ses couleurs fauves d'été. Après un hiver passé à fourrager sous la croûte de glace à la recherche de quelques lichens secs, elle se régalait des premières mousses fraîches du printemps. La perdrix des neiges est le seul oiseau sédentaire sous ces hautes latitudes. À chacune de ses envolées elle se posait plus près, se rapprochant de moi en piétant sur la neige, dissimulée sous son plumage blanc. Ce lagopède n'a pas la réputation d'un animal craintif, mais il prit son temps pour tester mes intentions. Ici, à la sortie de l'hiver, on n'est jamais à l'abri de la ruse d'un renard affamé. Je n'avais pas grand-chose à lui proposer, sinon quelques miettes de biscuits écrasés au fond de la poche de mon anorak. Je les lui lançai comme on sème du blé, et il s'approcha très près. Au premier coup de bec, le lagopède se redressa comme un ressort sur patte. Tendu, immobile il me regardait d'un œil rond, vif, scrutateur jusqu'au fond de mon être. Était-ce de la méfiance ou du mépris, vexé de s'être laissé appâter pour quelques miettes ? L'oiseau hésita avant d'en reprendre, et je m'interrogeais sur les conséquences de ce geste intéressé. Que se passait-il soudain dans le corps de cet animal qui découvrait cette nourriture ? Il ne connaissait pas le goût sucré, si ce n'est celui que distille le cœur des saxifrages en été. Mais mon inquiétude fut vite balayée quand il se mit soudain à picorer sans relâche. Il n'y avait pas de doute sur le plaisir festif que cette perdrix éprouvait à dévorer ces petits fours. Je me régalais aussi de la scène qui se déroulait à mes pieds. Apaisé par la confiance de l'oiseau, cette rencontre sauvage m'avait fait le plus grand bien.

Après qu'il fut parti, je restai là quelques minutes avant de revenir au bateau. La lumière éclatante de ce matin de mai sur la neige me forçait à fermer les yeux pour y voir. À travers le rideau de mes cils serrés, je devinais des scintillements d'étoiles sur le ciel bleu nuit du levant. À cette période de l'année, le levant s'éternise à tourner autour de vous car le soleil ne se couche plus. Dans ce silence de coton, la chaleur de ses rayons sur mes vêtements sombres était un véritable bain de jouvence. Quand on a connu la longue nuit, on se rend compte à quel point cet astre nous tient. Il est le maître absolu, l'instigateur de la vie depuis la création du monde. Si l'on recherche tant le soleil aujourd'hui, c'est peut-être que nos existences citadines nous ont coupés de lui, du grand air de la vie pastorale et paysanne de nos ancêtres.

Après cette heure de méditation polaire je retournai au bateau, ragaillardi jusqu'à la moindre cellule. Luis avait appelé par radio. Il voulait savoir si nous ne pourrions pas emporter quelques ballots de duvet d'eider entreposés dans sa maison. Il habitait dans un coin très isolé à l'autre extrémité du fjord. Nous avions largement la place dans les soutes du bateau, et ça ne posait aucun problème. J'étais ravi qu'il nous demande ce service, cela nous rapprochait de lui sans craindre de le provoquer. Tous les visiteurs nous avaient parlé de Luis, du trappeur hors-pair, du bricoleur génial, de la maison qu'il s'était construite au sud d'Akseloya. Seulement, Luis, qui avait choisi la vie sauvage, était imprévisible. Il valait mieux qu'il soit décidé à vous recevoir. Sa visite éclair, lors du déménagement de sa cabane, ne nous avait pas permis de tisser des liens de voisinage. Je crois même qu'il les craignait, ce que nous avions respecté.

— Luis, Luis, de l'*Antarctica*, est-ce que tu me reçois ?

Rien, silence radio malgré trois tentatives.

Accoudés à la table à carte, nous regardions les détails de la route à suivre pour aller chez lui. Il se trouvait à une dizaine de kilomètres à vol d'oiseau, au sud de l'île Akseloya. Cette longue barre rocheuse en travers du Van Mijenfjord ne laisse que deux ouvertures où les courants de marée sont très forts : la passe Nord tout près de laquelle nous hivernions, et la passe Sud à proximité de la maison de Luis. Cinq minutes s'étaient écoulées quand il se manifesta.

— *Antarctica*, ici Luis, est-ce que tu me reçois ?

— Oui, Luis, très bien.

— Désolé, j'ai entendu votre appel mais j'étais dehors en train de dépecer un phoque et je voulais terminer avant qu'il ne gèle.

Eh ! Oui ! Il faisait moins quatre. En T-shirt sous le dôme de la passerelle, on ne se rendait pas compte de la température extérieure. Il faut dire qu'après la froidure de l'hiver, le printemps déjà bien installé nous paraissait fort doux.

— Luis, on m'a transmis ton appel. Il n'y a aucun problème pour rapporter tes ballots de duvet d'eider à Longyearbyen. Quel volume cela fait ?

— Merci. Merci. Le volume, je ne sais pas, vous prendrez ce que vous pourrez. Si vous voulez passer, je vous le montrerai. J'ai aussi d'autres petites choses à emporter.

— Luis, le temps a l'air bien stable, pourquoi ne pas te rendre visite aujourd'hui ?

— Ok, ok. Je vous attends en début d'après-midi.

Nous n'avions pas de programme particulier et cette randonnée tombait bien, une belle façon d'occuper cette journée ensoleillée. Jean décida de m'accompagner.

— *Antarctica* de Luis, tu me reçois ?

Je craignis tout de suite qu'une subite saute d'humeur ne l'ait fait changer d'idée.

— Oui Luis.

— Combien serez-vous ?

— Nous serons deux.

— OK. Je voulais vous signaler de ne pas venir directement, mais de faire un large détour vers le fond du fjord, puis d'obliquer vers moi en restant à environ deux kilomètres de la côte sud. La glace travaille beaucoup le long d'Akseloya et elle est très fragile au niveau de la passe.

— Merci du conseil, Luis. À tout à l'heure.

— *Antarctica* de Luis, excusez-moi mais j'ai une dernière recommandation ; n'oubliez pas vos fusils, il y a des ours qui rôdent dans le coin.

Il n'était plus nécessaire d'en parler, il y a six mois que nous avions pris le réflexe de vivre armés. Se promener avec un fusil en bandoulière était devenu une attitude naturelle, même si personne n'avait été confronté à la menace d'un ours.

La banquise était plate comme un lac gelé, facile pour nos motoneiges. Aussi loin que l'on puisse voir, on devinait des taches brunes dispersées à perte de vue sur l'étendue du fjord ; les phoques annelés faisaient la sieste. Pour ne pas les déranger dans ce moment de volupté, nous sinuions à distance des corps alanguis sous le soleil. Tous semblaient indifférents à notre passage. Au plus certains relevaient légèrement la tête pour signifier leur agacement en plein rêve. Si nous nous arrêtions, les plus proches manifestaient un sentiment d'insécurité, arquant le corps, balayant l'air de leurs yeux humides pour tenter de situer le danger. Et si alors nous coupions le moteur, la masse grasse entrait immédiatement en reptations rapides et disparaissait en glissant dans le trou. Malgré notre attente patiente, on ne les voyait jamais remonter à la surface par le même orifice. Pas fous ces phoques. Ils ont plus d'un trou dans leur bac pour déjouer les prédateurs. De l'ours et des esquimaux, ils connaissaient la stratégie depuis des millénaires : se fondre dans le décor et attendre jusqu'à se faire oublier. De l'homme pressé, ils avaient déjà tout compris : il fonce sur son scooter et place de loin une balle assassine à la lunette de tir. J'étais surpris de voir à quelle vitesse les phoques avaient appris à se méfier de ces bourdons fébriles cracheurs de feu, débarqués d'un autre monde, il y a seulement quelques décennies.

Sous la poussée de la banquise, d'énormes plaques de glace accumulées sur la grève de galets défendaient l'île comme les murs d'une forteresse. Il ne fut pas facile de franchir ces empilements d'arêtes acérées, dures comme du béton, sur lesquelles les chenilles de nos motoneiges avaient du mal à crocher.

C'est au dernier moment que la maison de Luis nous apparut, une belle construction en bois, patinée gris-argent par le froid sec, la lumière et le vent. Comme il n'y avait apparemment personne, nous nous installâmes sur un petit banc au soleil. La neige absorbait tous les bruits et le silence colmatait nos tympans martelés après deux heures de moteur. Au large, la glace semblait encore bien compacte dans le Bellsund, même si une légère brise d'ouest emmenait les premiers effluves de la mer libre : ça sentait le plancton. Pour la première fois, l'air vif nous donnait à respirer. Cette odeur verte collait aux narines comme celle de la pelouse après le premier coup de tondeuse du printemps. Elle annonçait la vie après l'hiver.

Soudain, Luis apparut, silencieux, sur le pas de la porte. Il ne s'était pas précipité pour nous accueillir. Peut-être terminait-il sa sieste ? Il nous invita à entrer en demandant qu'on enlève nos chaussures dans le sas entre les deux portes. Au rez-de-chaussée, Luis finissait de remonter un moteur hors-bord dans son atelier très bien équipé.

— Des gens de Longyearbyen me l'ont donné. Il est tombé dans l'eau de mer et ils n'ont jamais réussi à le faire redémarrer. Alors j'ai nettoyé toutes les pièces une à une, et maintenant il tourne comme un neuf.

Dans nos pays riches, le temps vaut bien plus cher que la matière, et le temps que Luis s'accordait pour faire les choses était son bien le plus précieux. Au pied de l'escalier un poêle à bois ronronnait à feu bas : il chauffait toute la maison. L'étage supérieur était une seule pièce avec de larges fenêtres ouvertes aux quatre points cardinaux. Le soleil entrait à plein poumon. Tout était méticuleusement construit, en bois taillé dans la matière brute. C'était magnifique. Il nous servit un café sur la table placée au milieu de la pièce. De cette cabane perchée à quelques mètres du sol, la vue s'étendait au loin sur la mer, le fjord et les montagnes. Je me sentais au paradis. En montrant du doigt le pied de la falaise, Luis dit d'une voix calme et sans sourciller :

— Il y a un ours là-bas, de l'autre côté de la passe.

Il avait l'œil le bougre, derrière ses lunettes rapiécées avec du fil de fer.

— Vous voyez la neige grise le long de la paroi, elle est mouillée car la banquise s'est rompue. Il y a un gros courant dans la passe et la débâcle commence toujours là. Les ours le savent et ils viennent régulièrement depuis quelques jours attendre la sortie en eau libre des premiers phoques.

Il faut avoir vécu ici pour comprendre qu'en Arctique la vie est une affaire de patience, et que l'équilibre repose sur le respect de la lenteur. Luis avait choisi le rythme des ours, des phoques, des renards, des rennes et des oiseaux. Il vivait pour ça, et de ça, d'un commerce raisonnable de peaux de bêtes et de duvet d'eider. Il venait de Tromsoe, un port au nord de la Norvège, où il avait appris la mécanique dans ses années de collège. Après dix années à la pêche, il était venu s'installer au Spitzberg, d'abord comme dépanneur, avant d'opter peu à peu pour la vie d'ermite. Il se mit à nous raconter des histoires de traces, de pièges, de la trappe au renard sous la lune en hiver, de tous ces animaux avec lesquels il avait lié sa vie.

— Il y a trois ans, à l'automne, j'avais repéré un ours qui venait tous les jours se coucher au pied de la montagne, dans le petit creux au-dessous des rochers. C'était une femelle qui cherchait un endroit pour mettre bas. Un jour, elle disparut sous les premières neiges d'automne. Puis, à la fin de l'hiver, le 18 mars précisément, elle est sortie de sa tanière avec ses deux oursons. Ces deux petits, je les ai vus grandir. Ils venaient pratiquement tous les jours devant la maison jouer avec tout ce qu'ils trouvaient. On aurait dit que la mère les emmenait ici à la crèche ; pendant ce temps, elle se reposait, allongée à côté du tas de bois.

— Elle ne t'a jamais menacé ?

— Non, elle restait toujours en retrait. Je la surveillais un peu du coin de l'œil, mais la plupart du temps elle fermait les yeux, paisible, confiante...

Luis marqua une pause, quelque chose l'avait touché, et pour dissimuler ce moment d'émotion il se leva soudainement.

— Allez, venez, je vais vous montrer les ballots de duvet.

Il nous emmena à une vingtaine de mètres de la maison, sous un abri construit avec des empilements de pierres plates, à la manière des abris de berger.

— C'est une vieille construction que j'ai restaurée. On dit qu'elle date du XVIIe siècle, des Pomors de la mer Blanche, les premiers chasseurs de baleines russes.

Luis avait dû passer la matinée pour en dégager l'entrée, ensevelie sous une épaisse couche de neige.

— Voilà les huit sacs. On peut les tasser s'ils sont trop gros. Qu'en pensez-vous ?

— Il n'y a aucun problème, Luis. Mais ce n'est pas la peine de les prendre maintenant. Le plus simple est que nous venions les chercher avec le bateau après la débâcle. Ça évitera de faire plusieurs voyages en scooter.

— OK, fit-il sobrement.

Au toit de l'abri était accrochée une peau d'ours tendue sur un cadre en bois. Comme je passais la main sur le poil soyeux, Luis me dit d'une voix sombre :

— C'était la mère des petits.

Il y eut un grand silence. Ces animaux sauvages sont imprévisibles, et leur puissance démesurée les rend vite dangereux.

— Elle t'a attaqué ?

— Non. Elle a été tuée par deux abrutis, des touristes sans gêne qui passaient par là et qui sont arrivés comme des bolides jusqu'à la porte de la maison. Les deux oursons ont pris peur et la mère a réagi. Paniqués, ils ont tiré tous les deux. Quand je suis sorti, la femelle gisait sur la neige. Ils n'avaient même pas essayé de tirer en l'air pour l'effrayer, le temps de se mettre à l'abri. Ils étaient désolés, mais moi j'étais effondré. Je leur ai dit de foutre le camp, qu'ils n'avaient plus rien à faire là.

On le sentait en proie à des souvenirs douloureux, un mélange de colère et de tristesse.

— Le lendemain la gendarmerie m'a appelé par radio pour savoir les détails. Les deux touristes avaient parlé de légitime défense, ce que j'ai confirmé, et ils m'ont proposé de garder la peau... Celle-là je ne la vendrai jamais, ajouta-t-il.

Sans trop savoir quoi dire, comme à la sortie d'un enterrement, nous sommes revenus à la maison pour nous préparer. Tout en m'habillant, cette scène défilait dans ma tête. Il était tentant de soulager Luis de sa haine, en traitant ces deux touristes de bœufs ignares dans ce palais de cristal. Mais qu'aurions-nous fait à leur place ? Je réalisais combien notre immersion à l'occidentale est une menace considérable pour ces derniers réservoirs de vie sauvage, où les espèces cohabitent encore selon des lois élaborées pendant des millénaires de lentes mutations.

Avant que nous relancions nos machines, Luis s'approcha de nous. Il avait encore quelque chose à dire.

— Vous savez, les deux oursons avaient un mois quand la mère est morte. Ils sont restés là autour de la maison. Je les ai nourris avec du lait en poudre et des morceaux de phoques. Ils me suivaient partout comme des chiens. Ils grossissaient très vite et continuaient à jouer comme avant. Et puis, un matin de juillet, ils ont disparu, avec une autre mère, une mère adoptive... Je sais qu'ils sont restés dans le coin. Faites attention, on ne sait pas ce qu'ils ont retenu des hommes.

Sur ces mots, Luis tourna les talons en nous saluant de la main. Je me sentais mal à l'aise de l'abandonner dans ce moment de tristesse, mais je savais aussi qu'il avait besoin de revenir en lui-même. Notre présence l'avait entraîné à parler de lui, à se découvrir, à raviver son passé, à quitter ses remparts.

— Merci pour ton accueil, Luis. À bientôt.

Il était temps pour nous de partir.

13. Au cœur de la machine climatique

Ce matin, l'échangeur thermique avait « pété les plombs ». Un vent glacial de nord-est s'imposait en ce mai plein d'espérances de vie. L'humidité ambiante de l'océan se figeait en de longues stalactites de glace qui pendaient sous les haubans. La neige projetée par le vent avait à nouveau tout envahi. Le ciel gris plomb invitait au repli sur soi après l'effervescence d'une succession de beaux jours. Nous étions brutalement redescendus au Petit Âge Glaciaire — cette vengeance froide du climat au Moyen Âge qui avait tant inspiré Bruegel. Ici, rien n'est jamais acquis, et les saints de glace rôdent à toutes les pages du calendrier. Le bruant des neiges le sait bien, et pourtant il est toujours le premier à revenir chanter sur ces terres septentrionales où il s'installe pour faire famille. Agrippé en plein vent sur la filière du pont, le petit passereau noir et blanc tressaillait, et la tête engoncée dans son cou, il fermait les yeux au passage des bourrasques. Sa vue nous donnait froid, l'envie de le nicher au creux chaud de notre main, mais il nous approchait surtout pour les quelques graines que nous lui donnions à picorer. Dans ce brouillard glacial qui passait tout à l'estompe, on devinait à peine le détour gris des reliefs. Il n'y avait rien à faire dehors. Seul Lars devait rejoindre le trou qu'il entretenait dans la glace pour son prélèvement hebdomadaire de plancton. Il n'avait pas failli à sa tâche.

Après chaque immersion, il lavait son tamis à l'eau de mer pour en extraire la matière organique. De retour à bord, il passait des heures à son microscope pour trier sa récolte de copépodes, des bestioles millimétriques au nom peu éloquent, mais dont l'espèce, toutes familles confondues, constitue la plus importante masse vivante de la planète. Ces champions du monde de la biomasse animale font partie du plancton, ce qui veut dire qu'ils vivent en suspension dans l'eau et qu'ils migrent au gré des courants. Depuis le début de notre hivernage, Lars faisait un travail de douanier, suivant à la loupe les flux migratoires entre les « copépodes arctiques », conduits par les courants froids du Nord, et les « copépodes du sud », emmenés par les eaux chaudes du Gulf Stream. Les densités de populations qu'il observait reflétaient le débit des courants. C'était une façon de considérer les copépodes comme « bio-indicateurs », alors que le professeur Claude utilisait des paramètres physiques, la température et la salinité, pour identifier ces mêmes courants.

Nous diffusions ces travaux dans un journal de bord hebdomadaire adressé à de nombreuses classes. Ce travail imposait à nos scientifiques un effort de vulgarisation, un travail de généraliste. Tout le monde sait bien que plus on s'enfonce dans un sujet, plus on s'éloigne de la vision d'ensemble, et ce problème n'échappait pas aux élèves avec lesquels nous correspondions. Ils posaient régulièrement la même question pragmatique : « À quoi servent les recherches que vous faites et y a-t-il encore quelque chose à découvrir au pôle Nord ? »

Il y aura toujours des choses à découvrir, mais il ne faut plus s'attendre à ce que les savants reviennent de mission, chargés de nouvelles trouvailles. Autrefois, on partait à la découverte de terres inconnues, les naturalistes faisaient l'inventaire des espèces, rapportant des spécimens que l'on exposait dans les vitrines des Muséums d'histoire naturelle. Ce qui a changé dans le temps, c'est l'échelle de la recherche. Aujourd'hui, les scientifiques font des collectes de prélèvements, de mesures, qui sont ensuite analysés en laboratoire. Chaque donnée est une étape vers la compréhension de phénomènes plus complexes.

En cette période de réchauffement planétaire, les travaux des océanographes, biologistes ou physiciens convergent sur le rôle majeur que jouent les océans dans l'équilibre du climat. Depuis la surface jusqu'au fond, où les sédiments recèlent les traces des climats du passé, les scientifiques traquent tout indicateur, vivant, minéral ou physique, susceptible de les éclairer sur l'architecture du meccano climatique, cet enchevêtrement géant de rouages où la variation de l'un entraîne des perturbations de l'ensemble. De combien de degrés la terre va-t-elle se réchauffer ? Et en combien de temps ? C'est la question que tout le monde se pose. Mais il y a tellement de données à intégrer, que les ordinateurs sont à la peine pour écrire la formule savante du climat, cette équation à mille inconnues, capable d'envisager avec pertinence les conséquences planétaires des activités humaines. Pendant ce temps, les glaces fondent, le niveau des océans monte, les précipitations noient les latitudes moyennes, les tempêtes font rage plus que de coutume... et l'on continue de s'interroger sur la part de responsabilités qu'a l'homme dans cette situation dont rien ne permet de prédire l'issue. Est-il vraiment raisonnable d'attendre la réponse pour agir ? La question du réchauffement climatique est un peu comme le théorème de Fermat, une évidence que les mathématiciens ont mis des siècles à démontrer. À ce jour, les experts sont unanimes sur au moins un coupable, le gaz carbonique, le CO^2, ce leader incontesté de l'aggravation de l'effet de serre. De parole de paléoclimatologue, il n'y en a jamais eu autant dans l'atmosphère, et la raison est simple : on a libéré en un siècle une grande part du carbone que la Terre avait stocké pendant des millions d'années, dans le gaz, le pétrole et le charbon. Face à cette production excessive, la biosphère et les océans réagissent par un appétit accru pour le carbone, mais cette absorbtion a des limites. Aujourd'hui l'atmosphère fait une indigestion de gaz carbonique et la réduction des émissions s'impose. Mais l'affaire n'est pas simple. Le dioxyde de carbone n'est pas le CFC*, ce marginal des années 80 qui a détruit l'ozone en Antarctique, et qu'on a vite interdit de séjour avec le protocole de Montréal de 1992. Le CO^2 est issu de la puissante famille de l'Énergie, la grande pourvoyeuse de l'économie mondiale et du train de vie des États. Quand on connaît l'inertie de la machine climatique à revenir sur les rails, quand on connaît l'inertie des comportements humains, l'absence de décision est une irresponsabilité politique. Alors, messieurs les experts, allez tous d'une voix unanime convaincre en haut lieu que le niveau de CO^2 a atteint la cote d'alerte, la population du monde vous soutient. La réduction salutaire des émissions de gaz carbonique n'est pas qu'une contrainte économique, c'est une façon d'inciter l'intelligence au développement d'une énergie plus propre et à mieux exploiter les énergies renouve-

* Chloro Fluoro Carbone : gaz utilisé dans les installations frigorifiques et qui détruit l'ozone dans la haute atmosphère polaire.

lables dont nous aurons un jour besoin. C'est une invitation à un civisme planétaire.

Au petit matin, le vent avait cessé de souffler, et le froid immobile nous enrobait dans un silence de cathédrale. L'air glacial rappelait une règle de la vie du Grand Nord : « Au mois de mai, ne te découvre pas d'un fil. » J'étais en train de dégager la neige qui recouvrait le pont, quand arrivèrent trois visiteurs à motoneige. Le premier s'avança vers moi.

— Bonjour, ne vous dérangez pas, nous allons chez Luis et nous avons fait le détour pour voir le bateau.

Je ne l'avais pas reconnu dans sa combinaison de scootériste, mais son sourire et son timbre de voix me remirent en mémoire l'homme du congrès de Longyearbyen.

— Vous êtes bien le spécialiste des ours polaires ?

Intrigué, il me scruta du regard, derrière ses lunettes couvertes de buée.

— Oui, je suis un de ceux-là, répondit-il modestement, et je vous présente mes deux étudiants.

Il était vraiment surpris que je le reconnaisse.

— Comment savez-vous que je travaille sur les ours ?

— J'étais à Longyearbyen l'année dernière, quand un de vos sujets d'étude a fait une apparition très remarquée dans la ville.

Il n'en revenait pas de cette coïncidence, et il éclata de rire.

— Montez à bord, venez vous réchauffer.

Hans Krieg s'interrogeait sur les raisons de notre hivernage dans ce coin isolé du monde. Ici, au Spitzberg, quelques rares aventuriers ont hiverné seuls ou en famille à bord de leur bateau. Mais nous n'entrions pas dans cette catégorie. L'*Antarctica* intriguait par sa taille et son architecture qui ne laissait jamais personne indifférent. Ses formes rondes en métal brut et ses deux dômes transparents sur le pont lui donnaient un air de vaisseau extraterrestre. Qu'est-ce qui pouvait bien trotter dans la tête de ces Français ? Je compris que la question se posait souvent à Longyeabyen.

— Nous sommes venus ici pour tester le bateau dans la glace. Notre objectif est de refaire la « dérive du *Fram* ». Mais avant d'engager l'*Antarctica* dans cette aventure, nous voulons avoir une idée du comportement de la coque à la compression de la banquise.

— La « dérive du *Fram* » ! répéta-t-il quelque peu interloqué.

Tous les Norvégiens connaissent le *Fram* exposé au musée d'Oslo, et son capitaine Nansen fut une grande figure du pays : explorateur polaire, prix Nobel de la Paix, artisan de l'indépendance de la Norvège, ce fut un homme remarquable, qui inspira plusieurs générations, dont le non moins célèbre Amundsen.

— Et vous pensez que l'*Antarctica* est aussi solide que le *Fram* ?

— On verra bien, il a été construit sur le même principe, des formes rondes pour échapper à la compression de la banquise.

Je savais que j'avançais là sur un terrain cher au cœur des Norvégiens, et qu'il fallait en parler avec modestie. Mais Hans revint à son sujet de prédilection.

— Vous avez vu des ours ?

— Oui, bien sûr, depuis le retour du jour, on les voit rôder dans le secteur, surtout une mère et ses deux oursons qui s'approchent de temps à autres pour renifler sous la « meat tower ». Ils se dressent sur leurs pattes arrière et tendent leur nez vers les carcasses de phoque ; c'est un beau spectacle, mais leur présence nous impose plus de vigilance.

— C'est vrai que ces carnivores ont un odorat exceptionnel, mais je crois qu'ils sont surtout attirés par les odeurs de cuisine, répliqua Hans d'un air malin qui en disait long sur son propre appétit.

Une bonne odeur de gigot d'agneau à l'ail embaumait le carré.

— Ils sont sûrement friands de cuisine française, mais, depuis des mois qu'on les observe, on a remarqué qu'ils se montrent plus nombreux en période de blizzard.

Hans écarquilla les yeux, en attente d'une explication.

— La graisse qui goutte sous le corps des phoques tombe en abondance les jours de grand vent et les ours le savent bien. Ce n'est pas grand-chose à se mettre sous la dent, mais rien n'est à négliger après la disette de l'hiver.

— Peut-être, lâcha Hans avec une moue de molle satisfaction.

— Mais il y a apparemment une autre raison, bien plus payante, fit remarquer Denis. Dans la tempête, une carcasse s'est décrochée. Nous n'avons rien vu, mais l'ours qui a poussé sa visite dans le blizzard ne s'est pas déplacé pour rien. Je suis sûr que cela arrive de temps en temps et ils l'ont bien compris.

Hans trouva une certaine logique dans ce constat qui confirmait l'extrême malice de l'ours dans sa quête permanente de nourriture. Il faut dire qu'il est ici chez lui et qu'aucun détail ne lui échappe dans ce paysage désertique. Nous nous demandions si notre présence ici ne perturbait pas leur existence, mais Hans nous rassura.

— L'ours polaire est un animal extrêmement curieux qui vient facilement au contact, et il ne craint personne : l'homme n'est plus un compétiteur sur son territoire. Depuis qu'on a interdit la chasse en 1973, la population n'a fait que s'accroître. On l'estime à 25 000 sur l'ensemble de l'Arctique, dont environ 5 000 vivent ici, entre le Groenland et la Nouvelle-Zemble.

— Le tourisme ne les dérange pas ?

— C'est plutôt les touristes qui doivent se méfier, répondit Hans en rigolant. Tant que les aires de maternité seront préservées, ajouta-t-il, il n'y aura pas de problème pour l'espèce. Les ours, comme tous les autres animaux, ont besoin d'isolement et de calme pour mettre bas, et d'une manière générale ils installent leurs tanières dans des zones très sauvages, que la nuit polaire rend quasiment inaccessibles. Depuis qu'il a déposé les armes, l'homme n'est plus une menace physique directe pour l'ours, mais une autre crainte se profile pour la survie de l'espèce : la pollution chimique. C'est une menace invisible, insoupçonnée et pourtant bien réelle, qui s'infiltre sournoisement dans l'intimité cellulaire de l'ours. Dans les analyses de sang, de graisse et de lait, pratiquées sur des ours capturés par anesthésie, on dénombre des taux croissants de pesticides et de métaux lourds. Ces polluants se retrouvent tout au long de la chaîne alimentaire : plancton, crevettes, oiseaux de mer, poissons, phoques, jusqu'à l'ours qui, au bout du réseau, les accumule dans son organisme. Qui aurait pu croire que l'Europe, la Russie et l'Amérique inondent l'Arctique des résidus indésirables de leurs activités agricoles et industrielles ? Transportés par les vents, les fleuves et les océans, ils opèrent insidieusement à distance.

Hans Krieg était un biologiste de terrain, un chercheur sur le vivant, qui parlait des ours avec beaucoup d'affection et de sensibilité. Mais l'assise scientifique de ses propos ne laissait aucun doute sur une quelconque spéculation émotionnelle.

Quand j'étais adolescent, il y avait au pied du château d'eau un petit bassin alimenté par l'eau potable qui sortait des filtres de purification. Dans ce bassin nageait une truite que l'on changeait régulièrement. Son rôle était de révéler la potabilité de l'eau. Quand la truite montrait des signes de faiblesse, on ajustait la dose de purificateur. Sans le savoir, cette truite était l'ancêtre de ce que l'on appelle aujourd'hui un bio-indicateur, un révélateur vivant de l'état de l'environnement. Trop d'espèces sont menacées ou disparaissent faute d'avoir pris en compte la lecture de leur agonie. Ce n'est pas en soi la disparition d'une espèce qui est grave, c'est d'en nier les causes, car l'homme ne sera pas épargné. Comme l'ours, l'homme est sans le savoir un bio-indicateur de la marche du monde. On s'inquiète beaucoup sur son taux de cholestérol, la molécule de l'abondance. Mais on devrait aussi suivre chez l'humain les analyses de quelques traceurs de notre environnement, certaines décisions écologiques s'imposeraient alors plus naturellement.

14. La débâcle

Il y avait du bonheur dans le ciel. Les oiseaux arrivaient du sud par vagues régulières, enivrant l'azur de leurs cris stridents qui annonçaient leur retour. Ils pouvaient enfin déployer leurs ailes et planer à leur guise, au terme de ce long voyage qu'ils entreprennent tous les ans pour venir jusqu'ici passer l'été sur leurs terres natales. Le Grand Nord les magnétise et s'accouple à l'instinct pour les conduire sans faille, en temps et lieu, au rendez-vous annuel de l'espèce. Les premières mouettes tridactyles prenaient les meilleurs emplacements, tout là-haut sur la falaise qui dominait le bateau. Une discussion s'était amorcée sur l'idée que chacun de nous se faisait de la « meilleure place » pour ces oiseaux de mer ; la notion de confort avait-elle le même sens pour ces animaux sauvages ?

Je me souviens qu'au début de la traversée de l'Antarctique nous avions construit des murets en blocs de glace pour protéger nos chiens, la première nuit de tempête. Passés sans transition de la chaleur de l'été au froid de l'hiver austral, nous craignions qu'ils ne connaissent une mauvaise nuit sur la glace vive. Mais, à notre grande surprise, le lendemain matin, nous avions retrouvé certains d'entre eux couchés sur les blocs, d'autres au vent de l'abri, indifférents à nos attentions protectrices. Pour ces oiseaux la donne était différente. Il s'agissait de choisir un emplacement saisonnier pour pondre et protéger la couvée jusqu'à l'envol. Il y avait en moyenne entre trois et quatre nids au mètre carré vertical, faits de terre, d'algues et d'herbes scellées par des traînées de fiente. Les emplacements les plus risqués étaient sans aucun doute situés près des vires accessibles au renard, redoutable et agile prédateur, capable d'ascensions périlleuses pour atteindre les nids. À la jumelle, nous regardions le manège des circonvolutions exploratoires des mouettes tridactyles. Aspirées dans les colonnes d'air chaud, elles remontaient le long de la falaise sans le moindre battement d'aile. Seule la tête bougeait de gauche à droite, comme si elle observait au scanner l'ensemble de l'aire de reproduction. Survol exploratoire ou reconnaissance sociale des congénères ? Faisaient-elles un choix d'emplacement ou revenaient-elles sur le nid de famille ?

La nature est une architecture élaborée par les gènes, l'instinct et une part de magie, où l'éthologue infiltre son regard d'humain pour tenter d'en élaborer les règles. Entre science et compassion, l'interprétation du comportement du vivant laisse à l'homme un vaste champ d'appréciations personnelles, difficiles à valider ou à infirmer avec certitude.

Il faisait particulièrement doux en cette fin du mois de mai, et la neige autour du bateau se transformait en une bouillie lourde et mouillée, où nos pieds s'enfonçaient profondément. La neige fondait aussi sur les montagnes et grossissait de larges rivières invisibles qui coulaient sous des étendues gelées de plus en plus fragiles. Nous entrions dans la période critique où les déplacements en plaine devenaient hasardeux, la croûte de glace pouvant à tout moment se rompre sous nos pas. Passer au travers pouvait être fatal, là où le courant était important. La veille, une motoneige avait crevé la glace en un endroit fort heureusement peu profond. Nous avions eu beaucoup de mal à la hisser hors du trou. À chaque effort la glace s'effondrait sous nos appuis, plongeant nos jambes dans un demi-mètre d'eau glacée. La Vallée des Rennes était devenue impraticable et l'instabilité de la neige en montagne limitait sérieusement notre champ de liberté. Nous étions plus que jamais prisonniers des glaces. La réduction du périmètre de marche autour du bateau révélait certaines impatiences dans l'équipage, et l'envie de quitter les lieux s'infiltrait comme un germe dans la quiétude du bord. Pendant sept mois, nous nous étions dilatés dans l'infinité du temps, prenant les jours comme ils venaient, sans autres perspectives que d'accomplir les tâches quotidiennes. Cette vie sans fin s'était finalement déroulée très vite, jusqu'à ce que la perspective d'une échéance mette un terme à cette immense rêverie. Mais la banquise nous tenait toujours dans ses serres et déciderait de notre départ.

Les supputations sur la date de la débâcle commençaient pour certains à tourner à l'obsession. Que faire de ses forces pour anticiper le départ ? Cette question occupait les esprits et les idées jaillissaient à foison. Pelles, pioches, scies à glace, tarière... Creuser, trouer, irriguer, découper... Beaucoup de sueur pour une tranchée dérisoire, qui avait au moins l'avantage de drainer les énergies et de calmer les impatiences. Même le soleil ne pouvait rien pour nous, car la neige renvoyait la chaleur de ses rayons vers le ciel. Tous les équipages d'hivernants avaient connu la même frénésie ; les équipiers du *Pourquoi pas ?* de Charcot répandaient les cendres noires du poêle à charbon pour accélérer la fonte ! Croire que l'on puisse ouvrir un chenal jusqu'à l'eau libre dans un mètre de glace conduisait à ce gaspillage d'énergie que certains préféraient à l'inaction contemplative. Il fallait se rendre à l'évidence : seule une grosse houle d'ouest aurait assez de force pour démonter à coup de vagues l'épaisse banquise qui nous enfermait. En attendant, la clémence du temps profitait à la vie : mergules, bernaches, eiders, guillemots, saxifrages..., tous participaient à cette renaissance dont nous étions d'impatients témoins. Je m'en voulais de succomber à cette fibrillation contagieuse, aux impératifs organisationnels, à l'insatisfaction d'être encore là, dans cet écrin de calme et de beauté. Qu'avions-nous appris de cette coupure du monde ? Pour la première fois à bord d'un bateau, des marins s'impatientaient de la prochaine tempête. On épiait avec envie la moindre chute du baromètre, annonciatrice de la dépression salvatrice. Elle finit enfin par arriver.

Un vent d'euphorie s'installa à bord quand le ciel au couchant s'obscurcit. La baisse de la pression atmosphérique qui précédait la tempête concordait avec les cartes météo que nous avions reçues d'une station russe. Les isobares très serrées autour du centre dépressionnaire annonçaient quelque chose de costaud. La température se mit à remonter avec l'apparition des premières masses d'air humide du sud-ouest. En moins d'une heure le beau temps fut balayé par des rafales qui s'imposaient, de plus en plus violentes. L'anémomètre digital afficha vite des pointes à 55 nœuds. Les vibrations des haubans résonnaient maintenant d'un bourdonnement sourd dans tout le bateau. Dehors, un écran de neige soufflée barrait la vue, mais rien n'aurait pu nous empêcher d'aller voir le travail à la passe : un spectacle impressionnant. Des rouleaux écumants dévalaient du large sous un ciel noir de tempête et venaient se fracasser contre le mur de glace. La houle soulevait la banquise qui se fissurait de toute part et volait en éclats. Dans un souffle puissant, l'eau jaillissait entre les plaques démantelées. Sur le front, des blocs de glace turquoise roulaient dans les remous et, emportés par le flux, s'ajoutaient à la force des lames dans ce travail de titan. Toute plaque arrachée était un pas vers la sortie tant attendue, mais personne ne parlait, le présent était trop fort. Chacun vivait dans ses tripes l'autorité de la mer. Il y avait chez ces hommes au visage grave une jouissance à ressentir les forces de la terre, souvent les seules dont ils savent accepter le diktat avec humilité. Dans les tourbillons chargés d'écume, des mouettes peu craintives venaient cueillir du bout du bec quelques victuailles remontées du fond par les flots. Leurs cris stridents perçaient les grondements de tonnerre de ce maelström vertigineux. Témoin de cette fusion des forces et de la grâce, je me laissais porter par l'illusion d'assister à la création du monde, d'être au cœur de ces nuages cosmiques où les gaz et la matière, dans un corps à corps céleste, accouchent d'une nouvelle étoile. C'était une débâcle digne des grandes fureurs bibliques de la Terre.

Le lendemain matin, fidèle à la tradition des caprices du temps, notre soleil brillait dans un ciel apaisé. L'eau libre miroitait à une trentaine de mètres du bateau, et des parcelles de banquise, comme les pièces d'un puzzle démonté, se balançaient sur une houle résiduelle. Le travail de sape n'était pas terminé, mais l'essentiel était fait. Une question de jours.

La tempête n'avait pas seulement brisé la glace, elle avait aussi charrié le fond et entraîné vers la surface des nutriments et autres micro-organismes. Passés brutalement de l'obscurité aux rayons de la lumière, ils commençaient leur photosynthèse saisonnière, une véritable explosion planctonique qui allait verdir l'océan. La table était mise pour le festin estival auquel tout le monde prenait part. Les phoques entraient dans le jeu, sortant de tous côtés leurs billes à la surface, étonnés de voir le bateau, cette carcasse de métal, ronde comme un ventre de baleine bleue. Ils pouvaient maintenant jouer tranquillement, les ours étant de plus en plus relégués à terre avec le recul de la banquise. Des macareux faisaient des allers et retours fructueux entre l'eau et la falaise, emportant dans leurs becs arc-en-ciel des petits poissons à déguster au nid, dont ils venaient à peine de prendre possession. En petit groupe de quatre à cinq, les fulmars dégustaient leur repas sur place, des copépodes et un peu de krill naissant. Nous assistions à la symphonie du réseau trophique, des duos entre proies et prédateurs où la mort perpétue la vie, confirmant cette loi universelle de la nature : rien ne se perd, rien ne se crée, tout se transforme.

Le réchauffement de la coque en aluminium faisait insensiblement fondre la glace à son contact, et, sans prévenir, la carène se libéra de son étau : le bateau se mit à bouger. Oh, presque rien la première fois, une infime oscillation, mais tout le monde la ressentit comme une inconfortable sensation de vertige. Un cri unanime traversa le bord de l'étrave à la poupe :

— Il bouge, il bouge !

Chacun se précipita dans le carré pour s'assurer qu'il n'avait pas rêvé et apporter son témoignage.

— J'en suis sûr, ce n'est pas une illusion, il a vraiment bougé !

— Tiens, à nouveau, ce n'est quand même pas une hallucination ou alors je perds la boule !

À cet instant, le bateau venait vraiment de reprendre son souffle, comme s'il revenait à la vie.

— C'est vraiment fait pour flotter, s'exclama Jean avec un sourire qui en disait long sur son bonheur retrouvé.

Il recouvrait ses sensations et sa légitimité de marin. Il est vrai que depuis plusieurs mois nous habitions en plein champ, et nous avions perdu l'habitude de penser mer, fût-ce à bord d'un bateau.

En dégageant la neige qui remontait sur les flancs, nous réalisâmes que la coque s'était décollée de son berceau de glace, et qu'elle flottait. Il fallait maintenant considérer que nous vivions sur un bateau et il devait être opérationnel, car les amarres de la banquise pouvaient à tout moment se rompre sans prévenir. Jean et Rick descendirent à la salle des machines pour commencer le travail, ouvrir tous les circuits d'eau et de gasoil, purgés et fermés au début de l'hivernage. Il faisait moins quatre degrés et la graisse figée bloquait tous les mécanismes. Chaque vanne grippée demandait un petit coup de chalumeau. Une résistance chauffante installée à la place de la jauge liquéfiait lentement l'huile du moteur. La remise en route prit la journée jusqu'à ce moment de vérité où Jean enclencha le démarreur. Allait-il partir ? Au troisième coup, le moteur se mit à pétarader, et un nuage noir sortit du tuyau d'échappement. Nous étions prêts à reprendre la mer. Quand la mécanique fut chaude, Jean essaya quelques mouvements d'avant en arrière pour tenter de casser la glace sous le poids du bateau. En vain, elle faisait plus d'un mètre d'épaisseur. Inutile d'insister, il faudrait patienter jusqu'au bout, seule la mer nous sortirait d'ici.

Vers 22 heures, des plaques de banquise charriées par la marée avaient rebouché l'entrée de notre petite baie. Rien de bien solide mais cette vision contrariait un optimisme naissant. Denis, qui avait travaillé au flottage du bois sur les fleuves du Canada, proposa de les pousser vers l'eau libre du fjord. En s'appuyant sur les bâtons de ski, il suffisait de peu de force pour les mettre en mouvement. On jouait les équilibristes, passant à pied d'une plaque à l'autre. C'était très amusant mais pas vraiment efficace, et l'exercice s'acheva par un vin chaud à la cannelle sous le soleil de minuit. À la surprise générale, un morse s'invita timidement. Ses deux crocs plantés dans la glace, on devinait à peine son groin velu comme un paillasson, et ses yeux tristes sur les côtés du crâne. Il nous observa longuement avant de hisser son corps sur la plaque où il s'avachit lourdement. C'était un gros mâle, comme une majorité de morses du Spitzberg, avec la peau du cou craquelée comme de la terre sèche. Après un moment passé en sa compagnie, nous décidâmes d'aller nous coucher, laissant le gros mammifère à ses rêves qui ébranlaient sa masse grasse de tremblotements réguliers. Pendant la nuit, je sortis sur le pont pour un besoin naturel. Il faisait moins huit degrés. Le soleil assez bas sur l'horizon étirait mon ombre jusqu'à l'eau libre. Le morse continuait tranquillement sa sieste sur le morceau de banquise qui dérivait vers le fjord. Tout était calme dans ce décor mirifique, quand une explosion sourde traversa le silence, amplifiée par l'écho des montagnes. De toute évidence elle venait du glacier, un gros bloc avait dû s'en détacher, mais il était trop loin pour le voir à l'œil nu. Aux jumelles je devinais un pan de glace bleue sur le front du glacier, la signature d'un effondrement qui devait être important, alors que tout semblait encore figé par le froid de l'hiver. Dans la minute qui suivit, une onde souleva le bateau qui cogna violemment les parois dans son étroit berceau de glace. Tout le monde apparut sur le pont, hébété par cette collision en plein sommeil.

— Que se passe-t-il ?

— Regardez, regardez, l'eau casse tout et remonte sur la berge !

Nous restions bouche bée de stupéfaction : la vague sous-glacière décollait la banquise tout autour de la baie et l'eau remontait assez haut sur la grève.

— Ce devait être un sacré morceau !

Et ce n'était qu'un début.

Une deuxième explosion bien plus longue fit vibrer tout le bateau.

— C'est énorme ! cria Jean qui avait tout vu à la jumelle.

Vingt secondes après, on sentit arriver les grondements du monstre en colère, très à l'étroit sous l'épaisse banquise. Nous nous regardions apeurés, sans savoir que dire et quoi faire, dépassés par la vitesse et la puissance des forces qui nous fonçaient dessus. L'onde surgit au grand galop, soulevant la glace qu'elle éclatait sur son passage. Des geysers d'eau jaillissaient entre les plaques, et le bruit ajoutait son poids à notre inquiétude... Elle finit par nous tomber dessus, et le choc fut très violent. Le bateau secoué dans tous les sens encaissa les coups de butoir sans dommage apparent. La vague passa très vite et franchit la digue de terre qui nous séparait de la mer.

Le calme retrouvé, nous nous sommes regardés, hébétés et soulagés d'avoir échappé au pire. La déferlante avait pulvérisé la glace, nous ouvrant une voie vers la sortie, à condition que les hélices n'aient pas trop souffert. Rick proposa de plonger pour inspecter la coque mais je m'y opposai. Il fallait partir d'ici au plus vite, nous n'étions pas à l'abri d'une récidive. En général les effondrements se succèdent en séries, jusqu'à atteindre le nouvel équilibre. Denis fit justement remarquer que Luis avait eu de bonnes raisons de craindre pour sa cabane, le glacier commençait peut-être à surger. Jean mit les moteurs à chauffer, et conseilla de quitter le Van Mijenfjord pour aller mouiller dans la baie de la Recherche. Il voulait rejoindre des eaux calmes pour préparer tranquillement le bateau à reprendre la mer. Une fois les dérives descendues, il mit en avance lente, fébrile. Nous n'étions pas prêts pour ce départ précipité, et il fallait éviter un écueil mal cartographié. Après un virage à droite, le bateau se retrouva dans l'axe de la passe. Le flux était avec nous, et Jean leva la poignée des gaz, laissant filer l'*Antarctica* vers l'embouchure du fjord. Nous nous tenions tous sur le pont, côte à côte, silencieux et émus, les yeux tournés vers la scène où s'était jouée, pendant des mois, une fabuleuse aventure humaine.

Au cours du long hiver, chacun avait exploré cette partie de soi où l'héroïsme et les stratégies au service de l'orgueil n'ont plus leur raison d'être. Chacun avait entrouvert la porte de sa face cachée du voyage.

15. Un monde fragile

On aurait pu croire qu'il vivait ici tranquillement, en paix avec lui-même, loin de l'agitation du monde. En fait, il s'était exilé avec ses tourments, son inadéquation sociale, et il appréhendait chaque nouveau visiteur. Luis semblait perturbé de voir tant de monde circuler sur son îlot ; nous n'étions pourtant que quatre, venus sur deux zodiacs pour transporter ses huit ballots de duvet d'eider. Depuis notre dernière visite, la fonte de la neige avait révélé un nouveau décor que nous découvrions avec curiosité.

Le trappeur était un malicieux animal sauvage qui accumulait tout ce qu'il trouvait dans la nature : quelques phoques accrochés sous le portique, des poissons séchés, des bois de renne, des peaux de renard, des billes de bois, et tout un matériel de récupération dont lui seul pouvait deviner l'utilité. Il vivait en ermite et l'arrivée de nouvelles personnes lui demandait toujours un temps d'adaptation. Après quelques minutes dans sa cabane, il nous servit un bon café et recouvra lentement son calme. Dans cette architecture de bois brut, assis autour de la table, le même apaisement et le même soulagement intérieur qu'à la première visite m'envahirent. J'étais admiratif et secrètement envieux des capacités de cet homme, d'une apparente fragilité, mais habité d'une force exceptionnelle, capable de tout mettre en œuvre pour venir vivre ici, en prise totale avec une nature sauvage, exigeante. Luis avait fait ce choix radical, sans demi-mesure, et l'authenticité de son engagement le rendait aussi bourru qu'attachant. Tout en parlant, ses doigts patinés comme des outils familiers caressaient le bois de la table d'un geste lent, doux, circulaire, se nourrissant de la sensualité de la matière. Cet homme avait une intelligence manuelle que l'on retrouvait dans les moindres détails de tout ce qu'il touchait.

Vint l'heure d'y aller et Luis nous emmena à la caverne, où sa moisson de duvet était prête pour le transport.

— Huit ballots, déclara-t-il en hochant la tête. Une bonne année !

Les eiders sont des canards qui tissent un nid douillet à même le sol, avec quelques herbes sèches, du lichen, et surtout le duvet qu'ils arrachent à leur poitrine. Pendant près d'un mois, les femelles couvent seules sans quitter le nid, un long jeûne, car après l'accouplement les mâles partent vers les aires de mue. Dès l'éclosion, les poussins qui savent tout de suite nager et se nourrir, gagnent le rivage où ils sont pris en charge par de jeunes femelles non reproductrices sous le regard vigilant de la mère. Quand tous les canards et canetons ont quitté l'aire de reproduction, l'heure est venue de glaner le fameux duvet d'eider dans les nids abandonnés, un long travail de patience aujourd'hui tombé en désuétude. Luis maintenait la tradition pour quelques rares acquéreurs et une poignée de dollars ; il ne comptait pas son temps.

— Tu viens avec nous jusqu'au bateau ?

— Non, vous n'avez pas besoin de moi.

— Alors, au revoir Luis, mais je ne sais pas si ce sera l'année prochaine.

Souriant d'un air triste, nostalgique, Luis répondit :

— Je n'aurai sans doute pas besoin d'un bateau comme l'*Antarctica* l'année prochaine, car la moisson sera sûrement plus maigre.

— Il y a moins de canards ?

— Pas vraiment, mais à cause de la débâcle trop précoce, un renard est resté piégé sur un groupe d'îlots où je faisais en général une bonne récolte, et il a fait des ravages. Les pauvres eiders n'ont guère pu se défendre. Beaucoup ont abandonné leur nid. Ce sont les sternes qui m'ont alerté.

À leurs attaques anormales, j'ai compris qu'un renard tournait dans le coin, mais il m'a fallu dix jours pour le piéger !

Il n'y a jamais de repos là où il faut défendre sa vie.

Luis nous regardait partir d'un air amusé, sur nos zodiacs chargés bien au-dessus du bastingage. Ce n'était pas facile de sillonner entre les hauts-fonds de son archipel, avec ces gros sacs qui bouchaient la vue. Un mille nous séparait du bateau mouillé dans une anse calme, à proximité de la passe où circulait un fort courant. Quand nous y arrivâmes, des centaines d'oiseaux de mer festoyaient en lignes à la frontière des eaux où s'accumulait le plancton. Les mouettes tridactyles picoraient côte à côte, d'un cou de bec rapide, précis, usant de leurs palmes avec une certaine élégance pour se positionner à la limite du flux. Les macareux moine faisaient jeu à part, plongeant en ordres dispersés, et remontant à la surface avec des poissons vivants qui s'agitaient encore dans leurs becs multicolores. D'un vol battu rapide, ils s'arrachaient péniblement à la surface pour rejoindre le terrier au fond duquel la femelle avait déposé son œuf unique à l'abri des prédateurs. En cette mi-juin, des oisillons étaient déjà nés, et les parents se relayaient activement pour les nourrir. Ces alcidés aux allures de clown n'ont pas le vol facile, et les atterrissages toutes palmes dehors ressemblaient à de véritables catastrophes aériennes, dont ils se remettaient immédiatement avant de replonger. Sur le même plan d'eau, les mergules nains évoluaient en colonies. Ces petits oiseaux trapus à tête noire volaient en essaims entre la mer et les falaises où ils nichaient par milliers dans les anfractuosités des rochers. Au nord du Groenland, les Inuits les chassaient à l'épuisette dans les éboulis au pied des parois. Sur place, ils en mangeaient quelques-uns tout crus, encore chauds, sanguinolents, un bon casse-croûte qui leur apportait sans le savoir l'indispensable ration de vitamines C. Les explorateurs polaires ne seraient pas morts du scorbut s'ils avaient suivi l'instinct des esquimaux*, ces hommes mangeurs de viande crue.

Pour leurs repas, ils préparaient ces oiseaux de deux façons différentes : le « mergule au pot », bouilli dans l'eau du torrent pour la consommation estivale, ou le *kiviaq*, sorte de « confit de mergule » à la manière esquimaude, qui constituait un des mets les plus recherchés de l'hiver. Après une bonne journée de « pêche » au mergule nain, le chasseur tuait un phoque, le décapitait, puis le vidait de sa chair et des viscères en les arrachant par l'orifice du cou. Il bourrait cette outre de quelques centaines d'oiseaux entiers, avec plumes, pattes et abats, et plaçait le sac fermé d'une solide couture, sous un tas de pierres à l'abri du soleil et de la convoitise

* Esquimau signifie littéralement « mangeur de viande crue ». On parle aujourd'hui d'« Inuit » qui, dans leur langue, signifie « l'Homme ».

des renards. Après plusieurs mois de macération, cette chair en décomposition dans la graisse de phoque faisait les délices des longues nuits sous l'igloo. Cette recette primitive nous paraît aujourd'hui bien peu ragoûtante, et on se demande même comment ces hommes ont fait pour l'inventer.

Mais, comme toutes les traditions culinaires, la préparation du *kiviaq* était le fruit d'une longue élaboration séculaire, qui répondait avec précision aux besoins nutritionnels de ce peuple, vivant tout l'hiver sur les seules ressources animales accumulées pendant la période de chasse. Un explorateur polaire britannique invité malencontreusement un jour de fête par les Inuits de Thulé avait écrit que le goût et l'odeur du *kiviaq* ressemblaient à ceux d'un vieux camembert français : c'était donc un plat de caractère, pour un peuple qui n'en manquait pas.

Nous étions en train de lever l'ancre lorsque Luis arriva sur son bateau, nous faisant des signes de la main.

— Vous devriez couper les moteurs et attendre un petit peu. Une dizaine de bélugas se dirigent vers la sortie du fjord, ils avancent lentement vers la passe, je les ai aperçus de chez moi.

Avant même que nous ayons eu le temps de le remercier pour cette attention, Luis fit un leste demi-tour et disparut derrière les rochers. Nous venions à peine de rendre le silence au concert des oiseaux, que les dos ronds de six baleines blanches apparurent à la surface du miroir. À travers la transparence de l'eau, on devinait trois baleineaux nageant en profondeur sous le ventre de leur mère. Un grand frisson me traversa devant ces créatures de porcelaine ivoire, qui glissaient avec l'onde dans une parfaite harmonie. En passant devant nous, le plus grand d'entre eux — peut-être le chef du groupe — inclina son corps et sortit l'œil de l'eau dans notre direction. J'en eus la chair de poule d'émotion, et dans l'instant qui suivit, ce regard réveilla ma culpabilité. Depuis quelques années, les chercheurs canadiens publient des articles sur le nombre croissant de bélugas atteints par toutes sortes d'affections liées à la pollution de l'eau. Ils constatent aussi que les colonies migrent de plus en plus vers le Haut-Arctique, vers les dernières zones d'eau pure. C'était la première fois que je les observais de si près, la première fois aussi que je ressentais si fortement la menace pesant sur leur avenir. Il suffit comme toujours d'aller au contact des choses pour mieux les comprendre, afin d'éviter de les fuir ou de les nier. Les bélugas partaient vers le Bellsund et, debout dans le mât, je regardais s'éloigner ces dos émergeant en cadence, fasciné par le mimétisme des animaux de l'Arctique, où le blanc impose encore sa loi. Mais pour combien de temps ? — on dit que dans le sud du Grand Nord, avec la fonte précoce de la neige, des populations de renards roux commencent à étendre leur territoire, repoussant leur homologue blanc vers le haut de ces terres extrêmes.

Avec l'arrivée de l'été, l'Isfjord s'était défait de sa couverture de glace, ouvrant ainsi la voie vers la fin du voyage. Il y avait déjà deux bateaux dans le port et, en ce début de migration touristique estivale, Longyearbyen prenait à nos yeux des allures de grande métropole. Nous avions la consigne de déposer les ballots de duvet chez Utwig, et je ne voulais pas quitter les lieux sans le saluer. Il logeait dans une des petites maisons scandinaves de couleur rouille, construites en bord de mer par la municipalité pour servir d'entrepôt ou d'atelier. Utwig squattait là en toute quiétude, et il ne serait venu à personne l'idée de chercher des noises à ce vieux pacifique. Il sourit en nous voyant arriver avec ce gros chargement, et s'inquiéta tout de suite de Luis dont tout le monde ici était sans nouvelles depuis un mois. Rassuré, il nous entraîna avec un regard brillant vers sa dernière trouvaille. Utwig travaillait à la construction de sa prochaine maison nomade, une caisse en bois montée sur un traîneau qu'il pourrait ainsi déplacer derrière sa motoneige, d'une vallée à l'autre du Spitzberg. L'intérieur était cosy, capitonné, bien isolé du froid, agencé avec des astuces qu'il nous faisait découvrir avec jubilation.

L'ermite du Bellsund avait fait école chez cet aventurier de soixante-douze ans, qui ne comptait pas finir sa vie dans les hospices confortables de sa chère Norvège ! Je serais resté là des heures dans cet atelier de menuiserie, à bricoler des drôles d'inventions qui ne servaient que le plaisir et le rêve. Mais je devais rentrer en France, pour entretenir le lien avec la civilisation : quelle que soit son existence, il faut toujours échanger pour vivre.

Sur le quai, l'*Antarctica* attirait le regard des touristes et des svalbardiens, découvrant pour la plupart ce bateau qui avait alimenté la chronique de l'hiver. Hans Krieg vint nous saluer d'un coup de VTT. Le visage encore buriné, il rentrait d'une longue campagne de marquage et de prélèvements sur la côte est d'Edgeoya, une île en prise directe sur le pack dérivant de l'océan Polaire. Il avait vu des ours, beaucoup d'ours, bien plus que les années précédentes. En revanche, les observations faites sur l'île Hopen confirmaient le recul du nombre des naissances sur la plus au sud des maternités de la mer de Barents. En 1995, on avait compté trente tanières de mises bas, et cette année seulement sept. L'explication était simple. À l'automne, les femelles gravides rejoignent l'île pour préparer la grotte où elles accoucheront en décembre. Mais, depuis quelques années, le retard progressif d'apparition de la glace de mer rend la zone de reproduction inaccessible, si bien que le nombre des naissances a diminué sur Hopen.

— Vous aviez déjà évoqué ce problème il y a deux ans, au congrès du Norsk Polar Institute, ici à Longyearbyen.

— C'est exact, répondit Hans Krieg d'un air soucieux. Nous savons tous que les variations climatiques ont une influence sur l'équilibre des populations, mais cette année on assiste réellement aux premiers retraits vers le nord du territoire des ours.

Ces nouvelles n'avaient rien de réjouissant : l'infestation sournoise de la pollution et le réchauffement, lié aux gaz à effet de serre, atteignaient les terres les plus reculées de la planète. Krieg enfonça le clou avec les derniers résultats qu'il venait de recevoir sur les pesticides et les métaux lourds dans la graisse et le lait des ourses.

Les analyses du sang, de la terre et la courbe de sa température révélaient les prémisses d'un mal invasif, s'étendant jusqu'aux plus hautes latitudes. Pourtant, même si rien n'y paraissait dans ce décor d'une apparente virginité, la science infiltrait nos consciences du même mal, érodant nos rêves d'enfant de ses implacables certitudes.

Déjà tout jeune, sans que je sache pourquoi, un pacte profond me liait à ces déserts blancs : chaque image, chaque évocation semblait dire « je t'attends » à la plus intime partie de moi. Bien que cela n'apparût jamais avec évidence dans la signalétique de mon parcours, une succession combinée de fuites, d'audaces, d'échecs et de chances m'avaient finalement conduit aux sources de cet appel : instinct, quand tu nous tiens ! Aujourd'hui, je sais ce qui m'attire ici ; ces déserts polaires m'apportent un contrepoids d'ivresse, de calme et d'émotions, face à la frénésie et aux soucis du monde. Où que j'aille, je porte en moi ces moments, ces images, sources intarissables d'imagination fertile et d'émerveillement. Tous les déserts nous attendent. Ce sont des lieux magiques où l'absence de référence à la civilisation impose la rencontre avec soi, initie de nouveaux ressentis. La méditation y est obligatoire, on s'y découvre, on se rapproche de son être originel, de l'insouciance perdue. Aujourd'hui l'homme saigne par cette déchirure entre le monde rêvé de l'enfance et son impuissance d'adulte à ne pas savoir le préserver. Polluer c'est souiller son enfance, polluer c'est asphyxier le petit être en soi, toujours présent, celui qui nous a ouvert les portes de la vie, et qui souffre des gesticulations ridicules du grand qu'il est devenu.

Un petit phoque sortit sa bouille en soufflant à la surface de l'eau. Il resta quelques minutes à aller et venir autour du bateau, croisant mon regard de ses grands yeux joueurs, attendrissants. Apaise-toi, laisse le monde travailler, semblait-il me dire. Il était trop jeune ce mignon pour comprendre ce qui me tourmentait : demain, j'irai leur dire là-bas, à ma manière, j'irai leur redonner l'envie de s'aimer.

Table

Introduction 11

1. Un témoin inattendu 17
2. Un petit coin de paradis 29
3. Rêves d'Eldorado 43
4. Les chaos de l'évolution 53
5. L'apprentissage du temps 63
6. L'audace des pionniers 73
7. Hinlopen 87
8. L'étreinte de la banquise 99
9. La longue nuit 111
10. Le retour du soleil 123
11. À la recherche des eaux profondes 137
12. Luis, le dernier trappeur 151
13. Au cœur de la machine climatique 163
14. La débâcle 175
15. Un monde fragile 187

Ce volume a été composé
par Nord Compo
et achevé d'imprimer en novembre 2001
par ***Bussière Camedan Imprimeries***
à Saint-Amand-Montrond (Cher)
pour le compte des éditions Lattès

N° d'édition : 18302. — N° d'impression : 015461/4.
Dépôt légal : novembre 2001.
Imprimé en France

ISBN 2-709-62221-1